"互联网+"背景下农产品供应链集成优化策略研究
——以黑龙江省为例

吴彦艳　丁志卿　著

哈尔滨商业大学学科项目"现代服务业支撑龙江振兴发展研究"
（项目编号：HX2016001）资助

科学出版社
北京

内 容 简 介

本书基于“互联网+农业”的发展背景，以供应链管理理论、价值链理论和产业升级理论为基础，基于黑龙江省农业发展现状，从理论到实践，从定性到定量等多个视角，系统分析了农产品供应链集成优化面临的风险，构建了基于客户信息反馈的农产品供应链集成优化模型，分析了农产品供应链集成优化路径，并借鉴国外农产品供应链集成优化经验，以电子商务平台为基础提出了农产品供应链集成优化方案。

本书可供农业经济管理、技术经济管理以及相关领域研究人员和工作者参考。

图书在版编目（CIP）数据

“互联网+”背景下农产品供应链集成优化策略研究：以黑龙江省为例／吴彦艳，丁志卿著. —北京：科学出版社，2018.11

ISBN 978-7-03-057277-6

Ⅰ. ①互… Ⅱ. ①吴… ②丁… Ⅲ. ①农产品–供应链管理–研究–黑龙江省 Ⅳ. ①F724.72

中国版本图书馆 CIP 数据核字（2018）第 083796 号

责任编辑：王丹妮／责任校对：贾娜娜
责任印制：吴兆东／封面设计：无极书装

科学出版社出版
北京东黄城根北街 16 号
邮政编码：100717
http://www.sciencep.com
北京虎彩文化传播有限公司印刷
科学出版社发行 各地新华书店经销
*
2018 年 11 月第 一 版 开本：720 × 1000 B5
2019 年 11 月第三次印刷 印张：7 3/4
字数：151 000

定价：68.00 元

前　言

随着现代信息技术的快速发展，以互联网为代表的新一代信息技术加快与现代制造业、现代农业、服务业等行业的融合创新，形成了以“互联网+”为代表的新的经济形态，充分发挥互联网在生产要素配置中的优化和集成作用。互联网深度融合于经济社会各个领域，成为提升经济创新力和生产力的重要基础设施和工具。李克强总理在 2015 年政府工作报告中首次提出“互联网+”行动计划，推动互联网与现代制造业的结合。随着“互联网+”行动计划的深入推进，“互联网+农业”成为重要的发展领域。

我国人口众多，农业生产关系到国家稳定、人们安居乐业的大局。如何提高农业生产效率，推动农业产业升级是我国农业面临的重要课题。本书以供应链管理、价值链和产业升级等理论为基础，多角度分析农产品供应链的集成优化策略。

本书以黑龙江省农业产业发展实践为依据，详细分析黑龙江省农产品供应链的生产环节、加工环节和销售流通环节的经营主体类型、发展现状以及农产品供应链集成优化的必然性与可行性，并且对农产品供应链不同环节进行风险分析，通过运用模糊综合评价法对农户面临的风险进行识别，从而确定农产品供应链经营主体面临的风险来源。在此基础上，借助电子商务平台构建基于客户信息反馈的农产品供应链集成优化模型，将传统的农产品供应链相邻节点间的信息传递模式转化为以电子商务平台为载体的信息共享模式。借鉴美国、日本、荷兰等发达国家的农产品供应链集成优化经验，从价值链视角分析农产品供应链集成优化可以通过深度层面的加强农产品供应链重点环节集聚和广度层面的强化信息共享的组织间协同两条路径实现。最后借助电子商务信息技术从政府、农业产业化龙头企业和第三方物流企业角度制订黑龙江省农产品供应链集成优化的方案，并提出政策建议。

综合而言，农产品供应链的集成优化是一个复杂的系统工程，需要政府部门、农产品供应链经营主体、物流企业等专业化社会组织等多方的参与和支持。同时，农产品供应链的集成优化是一个长期的过程，在这个过程中，要注重新技术、新观念的推广和应用，只有这样才能更好地推动我国农业产业发展。

为了推动黑龙江省现代服务业的发展，促进黑龙江省经济社会发展，黑龙江省制订了“现代服务业支撑龙江振兴发展研究”的学科建设资助计划，本书是在此资助的基础上完成的。本书的第一、三、四、五、七、八章由吴彦艳完成，第二、六、九章由丁志卿完成。全书由吴彦艳统稿。参考文献在文末列出，由于参考文献较为繁杂，对于没有列出的作者，这里一并表示感谢。

由于作者的水平有限，书中难免存在不足和疏漏之处，欢迎读者批评指正。

作 者

2018 年 3 月

目　　录

第一章　绪论……1

第一节　研究背景及意义……1

第二节　文献综述……2

第三节　本书的主要研究内容及方法……4

第二章　农产品供应链集成优化的相关理论基础……7

第一节　供应链管理相关理论……7

第二节　价值链相关理论……10

第三节　产业升级相关理论……12

第三章　农产品供应链集成优化的必然性与可行性——以黑龙江省为例……16

第一节　黑龙江省农业发展现状……16

第二节　农产品供应链构成分析……21

第三节　黑龙江省农产品供应链集成优化的必然性与可行性分析……27

第四章　农产品供应链集成优化面临的风险分析……33

第一节　农产品供应链外部风险分析……33

第二节　农产品供应链内部风险分析……34

第三节　农户视角的黑龙江省农产品供应链风险识别……45

第五章　基于客户信息反馈的农产品供应链集成优化模型……51

第一节　农产品供应链集成优化的关键影响因素分析……51

第二节　基于信息反馈的农产品供应链集成优化分析……52

第三节　基于消费者网购农产品的供应链集成优化分析……56

第六章　国外农产品供应链集成优化的经验启示……65

第一节　美国农产品供应链集成优化经验……65

第二节　日本农产品供应链集成优化经验……67

第三节　荷兰农产品供应链集成优化经验……69

第四节　国外经验对我国的启示……71

第七章　农产品供应链集成优化的路径分析……73

第一节　我国传统的农产品供应链集成优化模式分析……73

第二节　价值链视角的农产品供应链集成优化路径分析……77
第三节　黑龙江省农产品供应链集成优化路径分析……84
第八章　基于电子商务平台的农产品供应链集成优化方案——以黑龙江省为例……94
第一节　黑龙江省农产品供应链集成优化的优势……94
第二节　黑龙江省农产品供应链集成优化方案……95
第九章　促进农产品供应链集成优化的政策建议……105
第一节　加快农产品经营主体建设的政策建议……105
第二节　促进农业电子商务平台建设的政策建议……106
第三节　完善农产品物流体系建设的政策建议……108
参考文献……111

第一章 绪　论

第一节 研究背景及意义

一、研究背景

2014 年 11 月，李克强总理出席首届世界互联网大会时指出，“互联网是大众创业、万众创新的新工具”[①]，被称作中国经济提质增效升级的“新引擎”。2015 年李克强总理在政府工作报告中首次提出“互联网+”行动计划，同年，国务院印发了《国务院关于积极推进“互联网+”行动的指导意见》，加快推动互联网由消费领域向生产领域拓展，加速提升产业发展水平，增强各行业创新能力，构筑经济社会发展新优势和新动能。“互联网+”将互联网信息技术与传统产业深入融合，以优化生产要素、更新业务体系、重构商业模式等途径来促进和完成传统产业的转型升级，从而成为推动我国经济发展的重要动力。在此背景下，我国各行各业开始加速信息技术特别是以互联网为代表的网络技术在行业发展中的应用和深度融合，致力于信息技术改造传统产业，加快产业结构的转型升级。

农业作为关系国计民生的重要产业，一直是我国各级政府关注的重点，特别是每年的中央一号文件一直将农业发展问题作为重中之重，1982 年至 1986 年，中共中央连续五年发布以农业、农村和农民为主题的中央一号文件，部署了农村改革和农业发展的重要战略问题。2004 年至 2018 年又连续十五年发布了以农业、农村、农民“三农”为主题的中央一号文件，再次体现并强调了“三农”问题在我国社会主义建设时期的重要地位。历年的中央一号文件都从不同的角度强调了农业现代化以及现代农业发展的重要性，特别是 2016 年强调“大力推进‘互联网+’现代农业，应用物联网、云计算、大数据、移动互联等现代信息技术，推动农业全产业链改造升级”[②]，为我国发展现代农业，促进农业产业结构升级提出了新思路。

---

① 人民网. 李克强：促进互联网共享共治 推动大众创业万众创新. http: //cpc.people.com.cn/n/2014/1121/c64094-26065294. html[2018-2-10]。

② 新华网. 2016 年中央一号文件：推进“互联网+”现代农业. http: //www.xinhuanet.com/info/2016-01/31/c_135056546.htm[2018-3-9]。

改革开放以来，我国经济高速发展，农业生产也取得了巨大成就，但是我国传统的一家一户的小农生产方式，以及分散的农业生产经营已经严重阻碍了现代农业的发展。同时，农产品市场流通领域中信息流的复杂性、不稳定性，以及由此带来的信息滞后、不对称和交易手段单一，也严重影响了农产品供应链的运营效率。加快农业专业化分工，提高农业生产的组织化程度，降低农业生产经营的交易成本，以及提供精确、动态、科学的农业信息服务，成为促进现代农业跨越式发展的必然要求。

二、研究意义

以“互联网+”为代表的新一代信息技术为确保国家粮食安全、农民增收，突破农业发展技术瓶颈提供了新的契机和动力，具有打破信息不对称、提高市场运营效率和优化资源配置的优势。“互联网+”能够加快农业与其他产业的融合，加速推动农业产业链延伸和农业发展方式转变，特别是大大提升农村信息服务水平，为农业从业者、农产品供应链参与者提供更加有针对性的、合理化的服务，提高农产品供应链管理水平。

黑龙江省作为农业大省，第一产业稳步发展，农产品种类丰富，粮食产量连续多年居全国首位，特色农产品行业快速发展。安全、健康、绿色成为黑龙江省农产品的重要标志。但是农产品供应链中生产、加工等环节参与主体众多，信息沟通不畅，组织化程度低，特别是市场流通环节复杂，导致农产品供应链运行成本高，运行效率低，严重影响了黑龙江省农业产业的发展，加强农产品供应链的管理不仅有利于降低农业生产风险，提升农产品供应链效率，还有利于提高农民收入水平，促进地区经济发展。

本书以供应链管理理论、价值链理论和产业结构升级理论等为基础，以信息共享为关键，构建农产品供应链网络集成优化模型和路径，以黑龙江省为例，提出以电子商务平台为基础，政府主导、企业参与的农产品供应链集成优化方案设计，对于促进黑龙江省农业产业发展具有重要的参考价值和实践意义。

第二节 文献综述

一、国外研究综述

国外农产品供应链的相关研究主要集中在以下两方面：

（1）农产品供应链信息化管理。此类研究认为信息技术会提升农产品供应链的竞争力，如 Holfman（2001）和 Dam 等（2000）认为信息和通信技术（information and communication technology，ICT）对农产品供应链发展具有重要作用，ICT 可以提高农业关联企业竞争力和市场份额，因此农产品供应链的合作企业应该站在国内和国外两个市场的高度实施 ICT 战略。Luttighuis 等（2000）认为单个的农业企业不可能投资建设 ICT，因为 ICT 是为整个农业产业链服务的，其合理的投资者应该是政府，为此，他们提出了设计一般的、柔性的、广泛的 ICT 服务结构的政策和技术建议。

（2）农产品供应链整合。此类研究认为纵向整合是协调农产品供应链的重要模式。例如，Mighell 等（1963）提出农业的“纵向协调”是一种组织创新。Kliebenstein 等（1995）指出农业协调活动包括完整的整合体系及各种契约协议，其目的是促进产业中参与者的竞争。Frank 等（1992）认为在农产品供应链出现较多的是垂直协调，其包括生产及营销阶段的所有交易方法，涵盖正式及非正式的契约协议。Boehlje 等（1998）认为食品供应链的研究重点应转移到链条的纵向协调上来，其管理重点放在供应商、生产商以及加工商之间的关系协调方面更能提高整体效率。

综合而言，国外研究多是通过案例的方式分析纵向协调对农产品供应链的重要性以及信息技术对其发展的重要性，没有系统深入地分析农产品供应链的集成优化机制以及具体策略，因此对于研究农产品供应链集成优化的参考借鉴意义不大。

二、国内研究综述

国内农产品供应链的相关研究主要集中在以下几个方面：

（1）农产品供应链的构建及运行组织模式。这类研究较多，在分析农产品供应链特点的基础上，提出可以基于农民专业合作社、大型超市等核心企业构建农产品供应链（谭涛等，2004；赵晓飞，2012），并且由此形成纵向一体化的农产品供应链联盟，联盟内部通过一定的利益分配机制和协同机制来实现均衡（赵晓飞，2012；刘英华等，2011）。

（2）农产品供应链的绩效评价与风险分析。这类研究主要是建立相应的指标体系来分析农产品供应链的运行效率，同时以某一区域为实例进行实证评价与分析（朱毅华等，2004），还有的研究从信用、期权等角度对农产品供应链存在的风险进行分析（刘雪梅等，2011；王静等，2015）。

（3）农产品供应链的信息化应用。这类研究将农产品供应链与信息技术相结合，分析农产品供应链信息平台的构建及管理，例如，陈小霖等（2007）分析了农产品供应链信息分享带来的风险，引入了信息管控的概念。杨申燕等（2009）

指出农产品供应链现行模式的局限，提出了构建统一规划设计的信息平台。但是目前这类研究很少且内容简单，仅仅是提出利用信息技术来提升农产品供应链的运行效率这一方式。

（4）农产品供应链的集成。目前，研究此类问题较多的学者主要是冷志杰和易法敏。他们都提出了农产品供应链集成的概念，并进行了相关的研究。例如，冷志杰（2007）分析了农产品供应链集成的动因及发展模式，并进一步提出了大豆供应链集成的对策；易法敏等（2006，2007）首次提出电子商务平台与农产品供应链集成结合，指出农产品供应链正由内部整合转向外部集成，由电子化向网络化方向发展，并且未来的模式以网络集成式电子商务平台为主。此类研究为进一步分析农产品供应链集成方向提供了参考，但其研究仍处于初期阶段，没有系统地、深入地对农产品供应链集成的机制、面临的风险以及集成的模式进行分析。

（5）农产品供应链的整合。此类研究目前较少，主要是对农产品供应链整合模式和策略的初步探讨（杨维霞，2008；赵临风，2010；朱长宁，2013）。也有学者进行了相关的理论分析，如朱毅华等（2004）构建了农产品供应链整合绩效模型，并进行实证研究。黄桂红等（2008）构建了农产品供应链动态反馈模型，并提出了整合对策。这些研究基本上都是简单分析农产品供应链存在的问题，然后给出一些方法并进行实证检验，没有和电子商务等现代信息技术相结合。

此外，还有针对某一特定农产品供应链的分析，这类分析主要针对生鲜农产品供应链来展开，主要探讨其依托超市构建供应链的模式（凌宁波等，2006；李慧良等，2011）。

综合而言，国内研究多集中于农产品供应链的构建、运行、协调以及生鲜农产品供应链管理等方面，一部分研究开始关注信息技术对农产品供应链的影响，少数学者关注农产品供应链及其与信息技术特别是网络技术集成的研究，但是这些研究一方面数量很少，另一方面研究的深度不够，只是片面的、简单的分析，并且提出的策略也都是概念式的，可操作性不强，对于实践的指导意义不强。

第三节　本书的主要研究内容及方法

一、主要研究内容

1. 研究思路

本书的研究思路主要包括三个层面：

（1）深入分析农产品供应链集成优化的必然性及可行性；同时，通过问卷调查、实地考察等方法，从农户视角识别黑龙江省农产品供应链集成优化面临的风险。

（2）以理性预期理论、信息共享机制为基础，构建基于客户信息反馈的农产品供应链集成优化模型，并从消费者网购农产品满意度来进行实证分析；以价值链视角来展开农产品供应链集成优化的路径分析。

（3）以黑龙江省为例，在国外经验基础上分析黑龙江省农产品供应链网络集成优化路径；以电子商务为平台，建设政府主导的农产品区域协同电子商务信息平台、农业产业化龙头企业带动的农产品电子商务交易平台，以及物流企业参与的农产品专业第三方电子商务平台，构建以“信息为基础，交易为核心，物流为辅助”的黑龙江省农产品供应链网络集成优化动态联盟。

2. 基本观点

本书的基本观点主要包括三个层面：

（1）农产品供应链集成优化的关键是实现供应链上各节点成员间的信息共享，提高信息的透明度和真实性。理性预期是保证农产品供应链信息真实的重要基础，因此将客户信息纳入农产品供应链集成优化模型会大大提高供应链信息的可靠性。

（2）纵向整合是农产品供应链集成优化的重要组织模式，从制度经济学角度看，这种模式面临着利益分配、补偿协调等多方面的问题，农产品供应链中各节点成员的地位不对等会造成这种集成模式弊大于利，电子商务平台可以最大化地降低各节点成员之间的地位不对等，有助于降低集成优化风险。

（3）农产品关系国计民生，农产品供应链的集成优化离不开政府的主导和参与，政府需在其中发挥指引方向性作用，建设区域协同电子商务信息平台能提高农产品信息的透明性和公开性。

3. 创新之处

本书的创新之处主要包括三个层面：

（1）引入理性预期理论，将客户信息反馈作为农产品供应链集成优化的重要变量，构建闭环性农产品供应链集成优化模型。

（2）借鉴国外经验，引入制度经济学理论，构建农产品供应链网络集成优化路径及动态联盟的组织模式。

（3）以电子商务平台为基础，构建政府主导、企业带动和参与的黑龙江省农产品供应链集成优化方案。

二、研究方法

本书的研究方法如下：

（1）理论分析与实证分析相结合的方法。在供应链、价值链、电子商务等理论基础上，结合黑龙江省农产品发展的实践，分析黑龙江省农产品供应链现状。引入理性预期理论和信息共享机制构建农产品供应链集成优化模型，并进行实证分析，同时从制度经济学角度探索农产品供应链集成优化的路径和组织模式。

（2）定性分析与定量分析相结合的方法。从定性角度分析黑龙江省农产品供应链集成优化的可行性与必然性。通过问卷调查、实地考察方式获取黑龙江省农产品供应链集成优化的风险因素，运用主成分分析、聚类分析及模糊综合评价法对数据进行量化分析，从定量角度研究黑龙江省农产品供应链集成优化的可行性。

（3）比较分析与个案分析相结合的方法。借鉴国外农产品供应链集成优化经验，结合黑龙江省农产品供应链发展实践，探讨农产品供应链网络集成优化的策略。

第二章　农产品供应链集成优化的相关理论基础

第一节　供应链管理相关理论

一、供应链管理的内涵

随着经济全球化的发展，人们消费水平不断提高，企业之间的竞争也日益加剧，面临的市场不确定性大大增加，越来越多的企业开始改变传统的生产经营思路，逐步向供应链管理方向发展，供应链已成为企业寻求长远发展、增强竞争力的重要源泉。近年来，供应链管理逐渐成为国内外学术界和企业管理人员研究的热门领域，供应链管理的理论和实践也在不断发展和完善。企业之间的关系已从单纯的竞争关系逐渐转向合作共赢关系，供应链之间的竞争也成为市场竞争的主体。随着信息技术的普及和应用，供应链管理也利用现代信息技术，通过改造业务流程，与供应商建立战略合作联盟等方式，通过实施电子商务，降低了企业间的交易成本，提升了经营效益，大大提升了企业竞争力，供应链管理模式也得到越来越多企业的重视。

1. 供应链管理的定义

供应链管理由物流管理发展而来，在这一过程中，对于供应链的定义也有不同的理解，一般来说，供应链是生产及流通过程中，涉及将产品或服务提供给最终用户活动的上游与下游企业所形成的网链结构（《物流术语》（修订版），GB/T 18354—2006）。具体来说，供应链就是围绕核心企业，通过对信息流、物流、资金流的控制，从采购原材料开始，到制成中间产品以及最终产品，最后由销售网络把产品送到消费者手中的将供应商、分销商、零售商，直到最终用户连成一个整体的功能网链结构（马士华等，2015）。

供应链是由不同的节点企业组成的网链结构，一般由一个核心企业带动，其他节点企业在信息共享的基础上，通过供应链的分工与合作，以资金流、物流为媒介满足消费者的需求，从而不断实现供应链的价值增值。而供应链管理的意义就在于实现对供应链上不同节点企业的协同，从而高效率、低成本地满足用户的需求。因此，关于供应链管理的定义，就是使供应链运作达到最优化，以最低的成本，使供应链从采购开始，到最终满足消费者的所有过程，包括工作流、实物流、资金流和信息流等均能高效率地操作，把合适的产品以合理的价格及时准确地送到消费者手上（马士华等，2015）。

2. 供应链管理的特征

因为供应链上涉及众多的节点企业和参与者，所以供应链管理表现出与传统企业管理不同的特征：

（1）供应链管理的复杂性。供应链管理涉及原材料供应、产品生产、物流、市场需求等多方面内容，不仅关心企业内部的生产运作，更需要关注企业与企业、组织与组织之间的协调配合，特别是合作伙伴选择，产品的需求预测，企业间的信息沟通、协调等，因此面对的问题更加复杂、多样，管理难度更大。

（2）供应链管理的动态性。供应链管理要面向用户需求，适应市场变化，需要不断调整发展战略和规划，其中节点企业也需要进行调整和更新，以更好地适应市场需求，因此供应链管理具有明显的动态性。

（3）供应链管理强调企业间的合作关系。供应链要作为一个整体才能发挥其协同整合优势，因此强调节点企业之间必须建立合作共赢的伙伴关系，通过相互信任和合作水平的提高，从而提升整个供应链对客户的服务水平。

3. 集成化供应链管理

要成功实施供应链管理，就要将企业内部的供应链与外部的供应链通过信息流、资金流和物流有机地集成起来，实现对资源的优化配置，以适应新的竞争环境，实现供应链全局动态最优的目标。

集成化供应链管理的核心是实现各业务环节间的协调。建立分布的、透明的信息集成系统，保持信息沟通渠道的畅通，与供应链中的相关企业建立战略伙伴关系，实现优势互补，合作共赢。集成化供应链管理主要应用互联网信息技术，制订同步化、扩展的供应链计划和控制系统，以电子商务取代传统的商务模式，通过实时信息共享来实现管理集成。

二、供应链合作伙伴关系的建立

供应链由多个节点企业组成，节点企业之间都是合作伙伴的关系，本质上是供需双方在一定时期内共享信息、共担风险、共同获利的一种战略性协作关系（马士华等，2015），这种协作关系，不是简单的交易关系，而是为了达到特定的目标和利益而形成的新型合作方式，其目的包括降低供应链交易成本，降低供应链库存水平，提高客户响应速度，增强信息交流与共享，保持合作伙伴之间的操作一致性，因此供应链上合作伙伴之间特别强调企业间的相互信任与合作。

供应链合作伙伴关系已经从过去以产品、物流为核心转向以资源集成、合作为核心，而其合作的基础是建立信息共享机制，从产品的设计、研发、生产等多方面实现合作，从而实现市场机会共享和风险共担。

供应链合作伙伴关系建立的关键是合作伙伴的选择，根据合作伙伴在供应链中的增值作用及竞争力，可以将其分为战略性合作伙伴、有影响力的合作伙伴、竞争性/技术性合作伙伴和普通合作伙伴。具体的选择要根据企业的合作时间、技术和市场竞争力以及产品质量、价格等多方面因素综合考虑，但是在实施阶段，相互之间的信任最为重要。加强沟通，建立信息共享机制是保证供应链合作伙伴长期发展的关键。

三、供应链的协调管理

供应链在运作过程中往往会出现失调的状态，包括：节点企业之间的目标不一致导致的失调；缺乏外部信息以及内部信息不对称导致的失调；各节点企业为了实现自身利益最大化而与供应链整体利益最大化不一致导致的失调。这些都会阻碍供应链的同步化运作，因此需要加强供应链节点企业间的协调管理。

供应链运作中常见的失调问题主要是“需求变异放大”现象，即市场需求信息在供应链传递中被扭曲的现象，以及“双重边际效应”，即供应链上下游企业为了谋求各自利益最大化，在独立决策的过程中确定的产品价格高于其生产边际成本的现象。这种失调现象的根本原因是供应链上节点企业各自为政，以个体利益最大化为目标，缺乏整体观念。

随着信息技术的广泛应用，用户对产品和服务提出了更高的标准，对快速及时的要求也更高，导致企业之间的依存度不断增强，单打独斗已经无法满足市场的需求。因此，加强供应链的协调是供应链管理成功的关键。

提高供应链协调性的重要方法之一就是提高供应链企业的信息共享，特别是市场需求信息的共享，从而有效减少供应链企业的需求预测修正带来的信息波动，使每个节点企业都能够按照真实的市场需求信息来制订自己的生产计划，从而有效降低供应链的库存水平。同时，建立战略性合作伙伴关系，提高企业间的信任，公开业务数据、共享信息和业务集成，提高供应链的供应能力透明度，减少企业博弈带来的损耗。此外，还可以通过有效的供应链激励机制，来实现供应链利益的合理分配，实现企业个人利益与供应链整体利益的一致性，真正实现风险共担，利益共享。

第二节　价值链相关理论

一、价值链基础理论

价值链是由哈佛大学商学院教授迈克尔·波特于 1985 年提出的概念，波特认为：“每一个企业都是在设计、生产、销售、发送和辅助其产品的过程中进行种种活动的集合体。所有这些活动可以用一个价值链来表明。”而企业的基本增值活动，如内部后勤、生产作业、外部后勤、市场、销售、服务等，以及辅助性增值活动，如采购、技术开发、人力资源等互不相同又相互关联的生产经营活动构成了一个创造价值的动态过程，即价值链。

价值链理论认为，在企业众多的价值活动中，不是每个环节都创造价值，或不是每个环节都能创造出相同的价值，那些能真正创造价值的经营活动，就是企业价值链的“战略环节”。企业在长期竞争中保持优势，就是企业在价值链某些特定的战略价值环节上的优势。波特的价值链理论揭示了企业与企业之间的竞争，不是某个环节的竞争，而是整个价值链的竞争。但是，波特的价值链理论侧重于对单个企业的价值活动的分析，建立在产品的生产基础之上，没有将上下游企业间的联系考虑进来。随着人们对价值链理论认识的增加，越来越多的人认为，价值链管理的最终目的是为客户创造最大的价值，特别是随着互联网的普及和应用，企业通过在价值链中应用信息技术，充分发挥信息技术的高效性，可以最大限度地满足客户需求。

价值链一旦建立起来，就有助于准确地分析各个环节的价值增值，Kogut（1985）在研究企业融入全球经济发展的过程中提出了价值增值的概念，即企业把技术及原料和劳动结合起来生产、销售产品的价值增值过程。在这个过程中，企业仅仅加入某一环节，就可能将整个价值增值过程纳入企业的体系中，并与其他企业发生联系。

二、产业价值链理论

价值链在经济活动中无处不在，企业内部各业务单元之间的联系构成了企业的价值链，企业与企业之间也存在着行业价值链。当价值链理论用于分析整个产业时，就形成了产业价值链。产业价值链代表了产业层面上企业价值融合的价值系统，每个企业的价值链包含在更大的价值系统中，实现整个产业链的价值创造和实现。产业价值链中各个企业之间的价值活动不是简单累加，而是在产业价值链体系下的价值再造，企业通过产业价值链的连接创造出新的、更大的价值。

产业价值链主要研究产业活动中的价值创造及分配问题，强调降低供应链成本以及协调企业之间的利益分配，最终满足客户需求。对于不同的价值链理论，产业价值链表现出不同的特征：

（1）整体性。产业价值链上的参与者是一个有机整体，相互联系、相互制约、相互依存，并且每个环节都由大量的同类企业构成，上下游企业之间存在着大量的信息、资金、物料的交换。在新的竞争环境下，产业间的竞争不仅仅是单个企业的竞争，更多的是产业链之间的竞争、企业集群之间的竞争，甚至是国家之间的竞争。

（2）差异性。构成产业价值链的各个环节在价值增值方面存在着差异，特别是不同环节对技术、人力、资本等的要求不同，对各个要素的需求也存在着差异，因此每个环节的价值增值能力也不同，这就导致产业价值链中企业的竞争力也不尽相同。

（3）循环性。价值增值的过程是一个不断循环的过程，特别是对于长期可持续发展的企业而言，有效的、循环的产业价值链才能保证产业链上的企业实现长期可持续发展，因此也对产业价值链上的企业提出了更高的要求。

（4）依赖性。不断的专业化分工使得企业的专业性越来越强，同时使得产业价值链上的企业之间的依赖性不断增强。各个环节上的企业的运作效率对整条产业链的运作效率的影响也越来越大，各成员之间的相互依赖性也越来越强。这就要求各环节上的企业必须加强相互之间的联系与合作，这样才能实现共赢。

三、全球价值链理论

在价值链和全球经济一体化的背景下产生了全球价值链理论，在全球价值链的众多定义中，联合国工业发展组织的定义最具代表性，即全球价值链是指为实现商品或服务价值而连接生产、销售、回收处理等过程的全球性的跨企业网络组织，涉及从原料采购和运输，半成品和成品的生产与分销，直至最终消费和回收处理的整个过程。全球价值链理论将分散在世界各地的企业的业务活动，通过设计、开发、生产、营销、消费、售后服务和最后循环利用等环节连接成价值网链，并实现价值增值。全球价值链理论更好地阐释了价值是如何在各个产业中被创造、获取、持续和发展的。

目前全球价值链的理论研究主要集中在全球价值链的治理和全球价值链的升级两个方面。其中，全球价值链的治理是指价值链的组织结构、权利分配以及价值链中各经济主体之间的关系协调，特别是全球价值链的治理模式是研究的重点。Gereffi（1999）在生产网络理论的基础上，通过结合价值链理论、交易成本理论、技术能力和企业学习等理论，提出了比较严谨、完整的分析框架，根据全球价值链的协调层面和权利的不对等性将全球价值链治理分为市场型、模块型、关系型、领导型和层级型五种类型。不同的治理模式中核心企业发挥的作用不同，各个企业的价值创造也不相同，治理的效率也不一样。从价值创造的角度来阐释全球价值链治理，Gereffi（1999）还提出了战略环节的概念，能够控制战略环节的厂商往往垄断了该环节的核心能力，从而具有了领导全球价值链的能力。

随着全球经济竞争日趋激烈，产品生产也变得片段化和分散化，通过全球价值链向更高的价值环节转移成为各个企业乃至各个国家发展的战略重点，这就涉及了全球价值链的升级。在全球价值链研究中，不同的治理模式也赋予厂商不同的产业升级含义，主要包括在全球价值链中的产业升级机制和产业升级路径。其一般思路都是要占据价值链增值的关键环节，成为关键环节的主导企业，从而实现对整个产业链的控制和主导。

全球价值链理论强调企业的竞争环境由国内转向国外，企业的竞争对手也扩大到全球，甚至涉及国家与国家之间的战略竞争。因此，抓住全球价值链的关键环节和战略环节并成为环节的核心企业是全球价值链理论的核心内容，也是实现企业在全球竞争中成功的重要保障。

第三节　产业升级相关理论

一、产业升级理论

产业升级就是使产品附加值提高的生产要素改进、结构改变、生产效率与产品质量提高以及产业链升级。从微观角度来看，产业升级就是一个企业的产品附加价值的增加。产品附加值增加的途径主要包括企业技术升级、管理模式改进、企业结构改变以及产品质量提升等。从中观角度来看，产业升级是一个产业中产品的平均附加值的提高，其提高的途径主要是同一产业中各个企业的技术升级、管理模式改进、企业结构改变和整体产品质量提升。从宏观角度来看，产业升级就是产业结构升级，即一个国家经济增长方式的转变，从低层次产业升级到高层次产业升级，具体表现为由劳动密集型产业向资本密集型和技术密集型产业的转变。无论何种升级，其基础都是产品附加值的提高。

Humphrey 等（2002）从微观角度提出了企业升级的思路：第一是流程升级，即通过引进高层次技术或对现有生产系统进行重组从而提升产出效率；第二是产品升级，即从低附加值生产线转向高附加值生产线；第三是功能升级，即从产业价值链的低端环节上升到产业价值链的高端环节；第四是产业链升级，即培育出新的产业链条。

Gereffi（1999）提出了产业升级的四个层次：第一个层次是产品升级，即生产出更加复杂的同类产品；第二个层次是经济活动升级，即产品的设计、生产以及营销能力的提升；第三个层次是部门内的升级，即同一个产业内，企业从附加值较低的生产环节升级到附加值较高的设计、服务等环节；第四个层次是部门间的升级，即劳动密集型的产业转移到资本和技术密集型的产业。

无论哪种产业升级，都强调了价值增值的重要性，以及由此带来的生产要素的优化组合、生产效率的提高、技术水平和管理水平的提高。而产业升级必须依靠技术进步。

二、产业结构升级理论

产业结构是指第一、二、三产业在国民经济中的比重以及各产业的内部配置。产业结构的升级本质上是产业升级的高级阶段，是产业升级从量变到质变的结果。产业结构升级更加关注宏观经济的运行，是经济增长方式转变和经济发展模式转变的关键。

产业结构升级的主要原因是技术进步和比较优势的变化。其中自然资源和劳动力资源丰富、技术水平低的国家，产业结构必然处于较低层次。随着技术进步和经济发展，相应的比较优势发生变化，对产业结构进行调整，实现产业结构升级是必然趋势。产业结构升级可以表现在很多方面，但是主要是以低附加值的劳动密集型产业为主上升到以高附加值的技术密集型产业为主。从国民经济的产业结构来看，产业结构升级就是国民经济重心由第一产业向第二产业，进而向第三产业升级的过程，其表现就是相应的产业在国民生产总值中的比重的变化。

在产业结构升级过程中坚持自主创新是产业结构升级的中心环节。产业结构不合理的重要原因是缺乏核心技术和自主知识产权，因此技术进步是推动产业结构优化升级的直接动力。

三、新经济与产业升级

每一次产业升级都与科技革命和新技术的应用有着密不可分的关系，新技术、新经济是传统产业升级的重要推动力量，并且对传统产业进行升级改造，必须采取适合新技术、新经济的方式方法，适应新经济的发展规律。当前信息技术是重要的技术手段和方法，因此在传统产业升级过程中信息技术发挥着不可或缺的重要作用。在新经济形势下，传统产业升级的路径包括以下四个方面：

（1）对传统产业进行信息化改造。信息技术是新经济的重要支柱和特征，信息化不仅成为国家经济社会发展的重要命脉，也是影响企业生存和发展的重要手段。企业的信息化是现代企业生存发展之道，也是提升国家核心竞争力的关键。对传统产业进行信息化改造必然成为我国产业升级的重要环节。信息化是一种高附加值、高增长、高效率、低能耗、低污染的经济发展手段，对传统产业进行信息化改造是必然之路。实现企业的信息化建设不是简单地购置技术设备，而是对企业生产业务流程的一次深刻再造，需要完成企业的信息基础设施建设、大型数据库建设，以及创建新的工作流程等多个环节，并且是一项长期工程。

（2）对传统产业进行技术创新。新经济的典型特征是产品的技术含量越来越高，而成本越来越低，其核心就是技术创新，并且技术创新代表了企业的核心竞争力，是企业占领市场实现可持续增长的动力。

（3）对传统产业进行组织结构创新。新技术带来了新的管理方式，传统产业的分散化管理模式已经不适应新时代的要求，产业重组与整合带来的是生产规模的扩大和管理难度的增加。因此，借助信息技术手段改造组织结构，提升管理效率是产业升级的重要组成部分。通过企业组织结构的调整，可以组建更加灵活的网络组织形式，实现高效的网络式管理，形成更加科学、合理、规范的治理结构，从而提升产业运行效率。

（4）对传统产业进行体制创新。产业升级必须有长期的、稳定的机制做保障，无论是信息化改造，还是技术创新、组织结构创新，都依赖于企业改革，特别是体制机制的创新。建设现代企业制度，真正实现企业的科学治理是实现产业升级的基础。

除此之外，新经济的发展也依赖于传统产业的升级。资本密集、技术密集的新型经济形态是新经济的重要载体，网络信息技术的应用是新经济的重要手段，这些都要依赖于传统产业升级来实现。同时，通过产业升级还能进一步巩固国家的比较优势，提升国家的国际竞争力。

第三章　农产品供应链集成优化的必然性与可行性——以黑龙江省为例

第一节　黑龙江省农业发展现状

黑龙江省地处中国东北部，耕地面积 1594 万 hm^2，占全省土地总面积的 33.87%（黑龙江省政府网数据），省内有黑龙江、松花江、乌苏里江、绥芬河四大水系，拥有丰富的森林、草原、湿地等自然资源，这些条件为黑龙江省农业产业发展提供了良好的自然基础。

一、黑龙江省经济发展环境

1. 黑龙江省经济保持稳步发展

近年来，黑龙江省经济保持稳步发展，2006～2012 年国内生产总值（gross domestic product，GDP）增幅保持在 10%以上，并且 2008～2012 年高于全国增幅。但是近几年 GDP 增速逐年放缓，特别是 2014 年、2015 年和 2016 年明显低于全国增幅（图 3-1）。

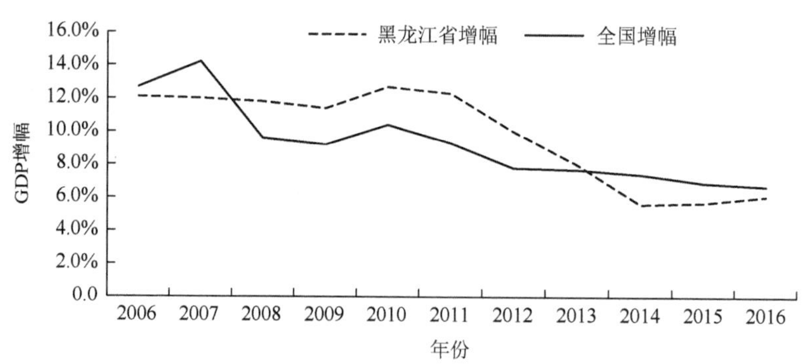

图 3-1　黑龙江省及全国 GDP 增幅

2. 居民人均可支配收入波动较大

2006～2009 年和 2011 年以后，黑龙江省城镇居民人均可支配收入增幅逐年减少，特别是2015年和2016年在5%左右。农村居民人均可支配收入增幅波动较大，2011年增幅超过20%，但2015年、2016年下降到5%左右（图3-2）。说明城镇居民的收入保持较稳定的增长，而农村居民收入受农产品价格、农业生产季节等自然条件影响较大。

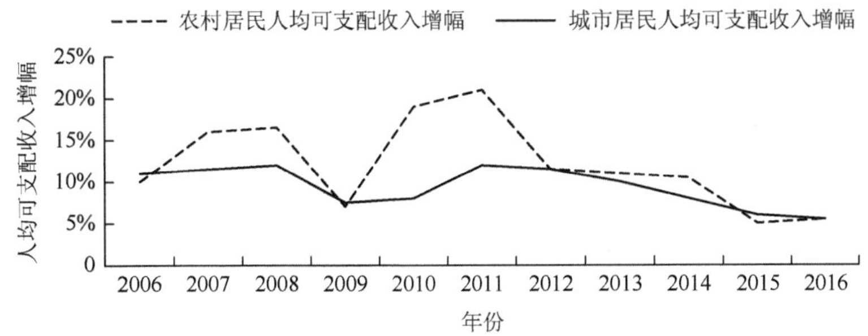

图3-2 黑龙江省城乡居民人均可支配收入增幅

二、黑龙江省农业产业发展基本情况

1. 第一产业稳步发展

随着黑龙江省对农业产业结构调整以及农业现代化技术的应用，第一产业对全省经济增长的贡献率基本保持在7%左右，近几年提升到10%左右，并且在第二产业贡献率下滑的背景下，第一产业几乎与第二产业贡献率持平（图3-3）。

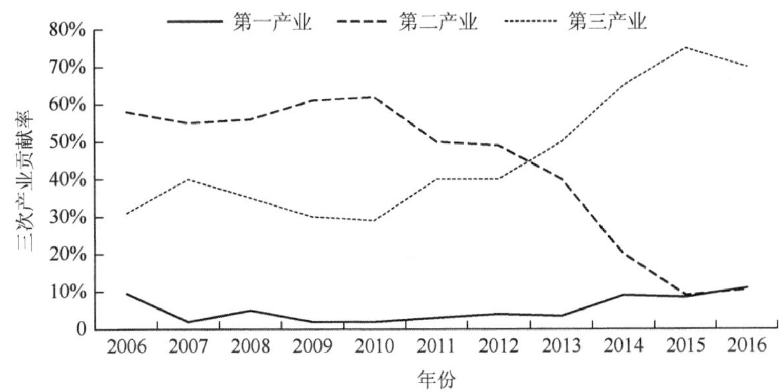

图3-3 黑龙江省三次产业贡献率变化

数据来源：历年《黑龙江统计年鉴》

2. 农产品生产是第一产业的主要组成部分

在第一产业内部，农业总产值在第一产业中总产值占比总体稳定，一直保持在55%以上，其次牧业也占到总产值的30%以上，因此这两项构成了黑龙江省第一产业的主要组成部分（表3-1和图3-4）。特别是在农业产业中，粮食作物是主体。作为产粮大省，黑龙江省连续6年粮食产量保持全国第一。2016年全省粮食产量占全国粮食总产量的9.8%，为1211.7亿斤（1斤=0.5kg）。同时，2016年初，黑龙江省按照适区适种、优化布局的指导思想，确定了“调减玉米、稳定水稻、增加大豆杂粮、扩大草蓿果蔬”的种植结构调整方向，全省种植业收益增加1823.6亿元，比2015年增长5.4%。

表3-1　黑龙江省第一产业总产值构成

第一产业构成	2010年	2011年	2012年	2013年	2014年	2015年
农业总产值/亿元	1369.20	1801.84	2315.60	2856.34	3015.61	2911.86
农业总产值占比/%	55.12	57.00	59.70	62.78	62.82	58.96
林业总产值/亿元	95.50	110.24	134.50	180.63	195.71	204.22
林业总产值占比/%	3.84	3.49	3.47	3.97	4.08	4.14
牧业总产值/亿元	965.80	1189.92	1350.68	1430.10	1486.15	1704.81
牧业总产值占比/%	38.88	37.64	34.82	31.43	30.96	34.52
渔业总产值/亿元	53.70	58.91	77.92	82.54	102.74	117.56
渔业总产值占比/%	2.16	1.86	2.01	1.81	2.14	2.38

数据来源：国家统计局

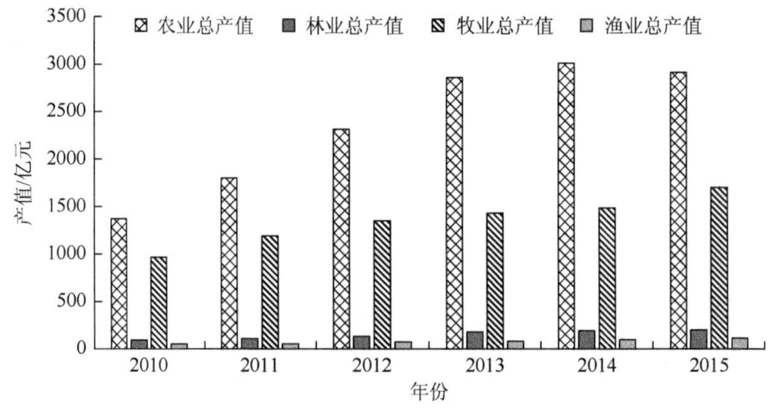

图3-4　黑龙江省第一产业内部构成

3. 绿色（有机）食品产业稳步增长，特色农产品发展较快

作为黑龙江省“十大重点产业”的绿色（有机）食品产业发展潜力巨大，绿色（有机）食品产业稳步增长。2016 年在海伦、讷河等县（市）新建 5 个 110 万亩（1 亩≈666.67m^2）国家级绿色食品标准化生产基地，全省绿色（有机）食品认证面积达 7400 万亩，占全省总播种面积的 1/3，约占全国总播种面积的 23%，总产值达到 2470 亿元。截至 2016 年 12 月，黑龙江省获得食品农产品认证证书共 8501 个，占全国总量的 8.67%。其中，绿色食品认证数量达到 2200 个，同比增长 35.8%，有机产品证书 1666 个，占全国总量的 11.24%，农产品地理标志产品达 111 个，居全国前列（数据来源于东北网）。建设“互联网+”高标准绿色（有机）种植示范基地 1170 个。同时，黑龙江省的黑木耳、猴头菇产量居全国首位，滑菇居全国第 2 位，是全国食用菌产业第三大省。

三、黑龙江省农产品种植现状

1. 主要农产品播种面积

黑龙江省主要农作物包括玉米、稻谷、大豆、马铃薯等，从播种面积来看，黑龙江省的粮食作物种植面积保持稳中有升，2015 年达到 11 765.2×10^{3}hm^2（17 647.8 万亩），同比增长 0.59%。粮食作物内部种植结构呈现出“两增两减”的态势，其中，玉米种植面积明显增加，从 2010 年的 4368.4×10^{3}hm^2，增长到 2015 年的 5821.1×10^{3}hm^2，增加了 33.25%，稻谷种植面积增长了 13.69%；同时，大豆和小麦种植面积明显减少，其中大豆种植面积减少了 32.34%，小麦种植面积减少了 74.61%。薯类（主要是马铃薯）种植面积有所波动，如表 3-2 和图 3-5 所示。

表 3-2　黑龙江省主要农作物种植面积　　单位：10^{3}hm^2

主要农作物	2010 年	2011 年	2012 年	2013 年	2014 年	2015 年
	11 454.7	11 502.9	11 519.5	11 564.4	11 696.4	11 765.2
稻谷	2 768.8	2 945.6	3 069.8	3 175.6	3 205.5	3 147.8
玉米	4 368.4	4 587.4	5 190.6	5 447.5	5 440.2	5 821.1
大豆	3 547.9	3 201.7	2 663.8	2 429.8	2 576.7	2 400.6
小麦	280.0	297.8	210.1	133.0	145.7	71.1
薯类	244.5	250.3	245.5	267.7	241.3	214.6

数据来源：国家统计局

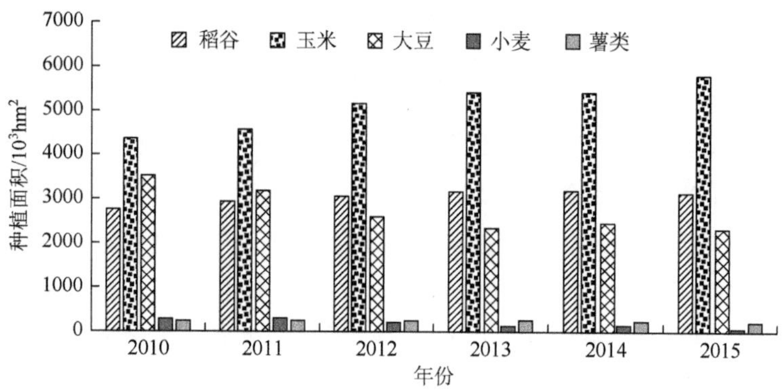

图 3-5　黑龙江省主要农作物种植面积

2. 主要农产品产量

黑龙江省粮食产量保持了连续增长的势头，但是主要农产品产量受到种植面积变化的影响，其产量也发生了明显的变化，其中稻谷、玉米产量大幅增加，而大豆产量减少，小麦产量也显著减少，薯类产量 2010～2011 年有所增长，2011～2015 年下降，如表 3-3 和图 3-6 所示。

表 3-3　黑龙江省主要农产品产量　　单位：万 t

主要农作物	2010 年	2011 年	2012 年	2013 年	2014 年	2015 年
稻谷	1843.90	2062.08	2171.18	2220.56	2251.05	2199.68
玉米	2324.40	2675.78	2887.94	3216.42	3343.42	3544.14
大豆	585.00	541.28	463.38	386.70	460.40	428.40
小麦	92.50	103.80	70.02	38.88	46.60	21.78
薯类	126.20	134.65	134.03	108.00	107.11	100.33

数据来源：国家统计

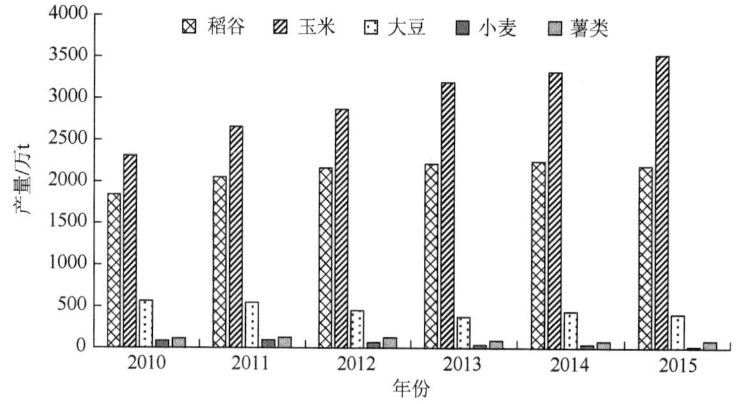

图 3-6　黑龙江省主要农产品产量

第二节　农产品供应链构成分析

一、农产品供应链构成

农产品供应链是指农产品从生产、加工、运输、分销直至最终送达消费者手中的这一过程所组成的链条（易法敏等，2007）。与工业品相比，农产品具有区域性、季节性等生产属性，以及需求普遍性和分散性等消费属性，因此，农产品供应链具有参与者众多、链条长、生产受外部环境影响大、流通环节复杂等特点。从农产品供应链的参与者角度看，黑龙江省农产品供应链可以包括以下几个环节，如图 3-7 所示。

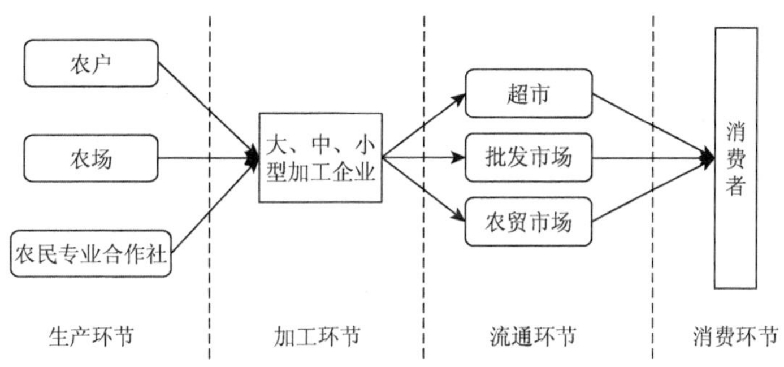

图 3-7　农产品供应链环节一般构成

农产品供应链主要由生产环节、加工环节、流通环节和消费环节构成，一般来说，农产品供应链的加工不复杂，链条不长，但是各个环节中组成主体众多，导致农产品供应链在运作过程中面临很多困境。

首先，在生产环节，一般包括农户、大型农场和新型的农民专业合作社组织。因为我国实行土地家庭联产承包责任制，所以分散的农户生产是我国农业生产的主要特征。黑龙江省土地资源丰富，大型农场是重要的农产品生产组织。同时，在国家推进农民专业合作社发展的背景下，农民专业合作社也是重要的农产品生产组织。

其次，在加工环节，我国大型农业产业化龙头农产品加工企业集团日渐发展壮大，成为农产品加工环节中的重要力量，但是大量的中小型加工企业仍然是农产品加工的重要组成部分。

再次，流通环节是农产品供应链中最复杂的环节。当前我国农产品流通仍然以批发市场、农贸市场等传统流通形式为主，大型超市快速发展，但是其市场份额仍然较小。在农产品的流通渠道上一般是农户/农场/农民专业合作社→加工企业→超市/批发市场/农贸市场→消费者，但是由于农产品的特性不同，有的农产品不需要经过加工可以直接进入市场，如蔬菜、水果等，实际上农产品的流通有多种渠道，如农户/农场/农民专业合作社→超市/农贸市场/批发市场→消费者等。因此，农产品流通渠道体系非常复杂，这也导致我国农产品流通过程中物流费用较多，成本较高，其也成为各级政府管理的重点。

最后，分散的消费者组成了农产品的最终消费环节，农产品消费的分散性、连续性、必需性，导致农产品的生产经营和消费不可能像工业品那样有大量集中的市场营销和推广，同时，消费者对农产品价格的敏感化也决定了农产品生产流通过程中对成本和价格的控制。另外，随着消费者对农产品质量、安全等要求的提高，农产品的生产流通过程必须加强品质管控。

整体而言，农产品供应链的环节复杂，参与主体众多，特别是流通环节分散，运行成本较高，各个环节之间的衔接面临很多不确定性，因此有必要对农产品供应链进行集成优化以实现其高效运作。

二、黑龙江省农产品供应链主体分析

黑龙江省是农业大省，农业生产经营主体众多，从农产品生产环节的农户、农场、农民专业合作社，到农产品加工环节的大、中、小型企业，再到流通销售环节的超市、批发市场、农贸市场等，数量类型都非常复杂，导致农产品供应链的集成优化非常困难。下面就各环节的经营主体进行分析，为后续的农产品供应链集成优化奠定基础。

1. 农产品生产环节主体分析

黑龙江省是农业生产大省，因此农业从业人员数量庞大。据国家统计局数据，2012 年黑龙江省农业从业人员为 988.49 万人，其中农林牧渔业从业人员为 667.32 万人。农村居民家庭经营耕地面积 2012 年为 13.56 亩/人，人均拥有耕地资源居全国首位。在农产品生产环节中，经营主体形式多样，除了分散的农户，还包括农垦系统的农场、农民专业合作社和家庭农场等农业经营主体。

1）农垦系统的农场

黑龙江省作为国家重要的粮食基地，农垦系统是其重要的生产组织形式。据黑龙江省农垦总局网站数据，黑龙江省农垦总局共有113个农牧场，1048家农林牧渔业单位，拥有耕地4353万亩，林地1387万亩，草原514万亩，水面385万亩。农垦系统在土地资源、资金、技术设备等方面有较强的实力，因此农业生产的机械化水平较高，规模化经营效果较明显，是黑龙江省农产品生产的主要力量。

2）农民专业合作社

随着国家对农民专业合作社支持力度的不断增加，近年来，以农民专业合作社为代表的新型农业经营主体发展迅速，成为农产品生产的重要组成部分。据黑龙江省农业委员会统计，截至2014年10月，黑龙江省农民专业合作社达6.9万户，农民专业合作社联合社总数达94户。

根据生产的农产品的品种不同，黑龙江省农民专业合作社包括稻谷种植专业合作社、玉米种植专业合作社、谷物种植专业合作社、蔬菜种植专业合作社、水果种植专业合作社等多种类型，广泛分布于农产品供应链中的生产、加工、流通等不同环节，其中生产环节的农民专业合作社占比达到50%以上。

农民专业合作社将分散的农户组织起来，扩大了农产品的生产规模，成为当前黑龙江省农产品生产的重要组成部分。但是现有的农民专业合作社主要集中于生产环节，经营方式以农产品生产为主导，在价值增值较多的加工和销售环节参与较少，影响了其对农产品供应链整合作用的发挥。

3）家庭农场

为了促进农业生产的规模化、集约化经营，在《农业部关于促进家庭农场发展的指导意见》实施后，黑龙江省认真推进落实家庭农场发展，截至2015年6月，黑龙江家庭农场已经发展到2.86万个，其中种植业家庭农场2.5万个，占比达到87.4%，畜牧业家庭农场0.3万个，占总数的10.5%，种养结合家庭农场381个，渔业家庭农场208个，成为黑龙江省农业规模化生产的重要组成部分。但是家庭农场以农户家庭成员为主要劳动力，从事农产品的生产经营，因此经营规模以小型为主，同时，由于受资金、技术等的限制，一般以种植、养殖等专一化经营为主。

综合而言，黑龙江省农产品生产环节中经营主体众多，既有国营农垦系统的农场，也有农民专业合作社和家庭农场等新型农业经营主体，同时还有众多分散的农户。各个经营主体对农产品市场需求信息的掌握情况不同，做出的生产决策也不尽相同，因此要实现对农产品供应链的集成优化，首先需要实现农产品生产环节的整合。

2. 农产品加工环节分析

农产品加工是农产品产业链的重要环节，是农户实现销售变现，满足消费者多样化需求的必经途径。黑龙江省农产品加工业正处于规模扩张与质量提高的发展阶段，为了加快农产品加工业发展，黑龙江省围绕粮豆薯麻、乳肉革、菜瓜果、药材和山特产品等系列，明确农业产业化龙头企业发展重点领域，积极培育农业产业化龙头企业，促进农业产业化发展。

1）农业产业化龙头企业发展迅速

2013 年全省规模以上农业产业化龙头企业发展到 1755 家，实现主营业务收入 2300 亿元、利润 150 亿元，分别比上年增长 9.5%和 8.6%（数据来源于黑龙江省农业委员会）。同时为加快农业产业化龙头企业的发展，认定一批省级和国家级农业产业化重点龙头企业。截至 2015 年，共认定合格的省级农业产业化重点龙头企业 500 余家，国家级农业产业化重点龙头企业 46 家，重点扶持包括黑龙江乳业集团、黑龙江响水米业股份有限公司、黑龙江龙凤玉米开发有限公司、黑龙江省东北大自然粮油集团有限公司等一批国家级农业产业化重点龙头企业。

2）食品加工业快速发展

食品加工业作为黑龙江省的四大支柱产业之一，近年来得到快速发展。食品加工业企业数量众多，主要分布在稻谷、大豆、玉米加工等领域。据黑龙江省大米协会统计，截至 2013 年，全省稻谷加工企业有 1376 家，其中规模以上企业数量为 453 家（表 3-4）。2013 年，黑龙江省共有年处理稻谷能力 10 万 t 以上的大型稻米加工企业 63 家，5 万～10 万 t 中型加工企业 310 家，省级以上产业化稻米加工龙头企业 76 家。大中型稻米加工企业占全省稻米加工企业总数的 27.1%，大中型稻米加工企业占全国稻米加工企业的 19.5%。

表 3-4　2013 年黑龙江省食品工业行业规模总表（规模以上企业）（单位：亿元/个）

序号	行业名称	主营业务收入/亿元	利润总额/亿元	纳税总额/亿元	资产总计/亿元	企业数量/家
1	稻谷加工业	1014.73	44.02	26.08	376.66	453
2	大豆加工业	843.43	27.09	17.38	414.54	120
3	玉米加工业	236.59	13.21	6.82	167.78	36
4	小麦加工业	97.75	5.08	2.38	72.05	43
5	马铃薯加工业	73.30	6.27	1.79	93.63	23
6	乳制品加工业	332.50	28.69	14.06	204.79	63

续表

序号	行业名称	主营业务收入	利润总额	纳税总额	资产总计	企业数量
7	肉蛋制品加工业	428.02	23.78	7.55	178.91	100
8	果蔬加工业	32.53	2.97	1.11	19.97	36
9	饮料制造业	206.76	11.20	16.37	180.89	133
10	制糖行业	22.28	−1.28	0.59	23.76	10
11	其他行业	305.74	15.86	6.98	163.46	184
12	总计	3593.63	176.89	101.11	1896.44	1201

数据来源：黑龙江省统计局

随着黑龙江省食品工业的快速发展，到 2015 年，全省规模以上食品工业企业数量 1411 家，实现增加值 595 亿元，实现主营业务收入 3564 亿元。食品制造业占规模以上食品工业企业增加值比重增至 34.3%。培育出主营业务收入超百亿元的企业 1 家——九三粮油工业集团有限公司，同时还有一批主营业务收入超 20 亿元的大企业，如黑龙江飞鹤乳业有限公司、黑龙江省完达山乳业股份有限（简称完达山乳业）、黑龙江省北大荒米业集团有限公司、黑龙江恒阳农业集团公司等，另外还有 661 家主营业务收入超亿元的企业。全省境内外上市的食品企业达到 12 家，实现新三板挂牌企业达到 12 家。

3）初步形成农产品加工企业集群

围绕稻谷、大豆、玉米等主产区，相关的农产品加工企业也逐渐开始集聚，进一步形成产业集群效应。例如，大型稻米加工企业加快向东部佳木斯、鹤岗、牡丹江及农垦特区黑龙江省农垦总局建三江分局和中西部地区哈尔滨、绥化等稻谷主产区集聚；省级以上玉米加工业龙头企业主要分布在绥化、大庆、牡丹江和齐齐哈尔等地；马铃薯加工企业的 80%以上分布在齐齐哈尔市、绥化市、黑河市、大兴安岭地区 4 个市（地）。初步形成了稻谷、玉米、大豆、马铃薯、山特产品等农产品加工产业带集群。

综合而言，黑龙江省农产品加工环节中，农业产业化龙头企业起主导作用，代表着黑龙江省农产品加工的技术水平和生产能力，发挥带头示范作用。同时，中小型加工企业数量众多，是农产品加工环节的重要组成部分。

2010 年全省农产品加工总量达到 0.35 亿 t，同比增长 10%，发展较快，但是农产品加工总量仍不足粮食产量的千分之一，农业部农村经济研究中心数据显示，发达国家农产品加工业产值与农业产值的比值为 2∶1，黑龙江省仅为 0.4∶1，发达国家的加工食品占饮食消费的比例达到 90%，黑龙江省仅为 25%，因此黑龙江省的农产品加工业仍有巨大潜力。

3. 农产品流通环节分析

农产品流通环节是连接消费者和企业的重要桥梁，也是农产品供应链中最复杂的环节。一般通过超市、批发市场、农贸市场等渠道实现农产品流通。

目前，黑龙江省的农产品流通环节主要还是借助批发市场+零售商的模式来进行，特别是生鲜农产品的流通主要通过批发市场来完成，如哈尔滨哈达果蔬批发市场、齐齐哈尔中心批发市场、佳木斯蔬菜副食品批发市场、牡丹江市蔬菜批发市场等。这些批发市场是提供农产品物流、信息流的集散地，实现了农产品从生产环节向消费环节的转换。另外，借助大型超市作为农产品销售平台。一般农业产业化龙头企业的产品品牌知名度较高，市场认可度好，可以通过大型连锁超市来进行销售，并且形成“农超对接”模式，有利于农产品市场推广。

随着以电子商务为代表的互联网技术的普及应用，借助电子商务平台销售也成为黑龙江省农产品销售的重要模式。黑龙江省农产品电子商务销售模式主要包括以下几种。

1）政府主办的以信息发布为主的农业电子商务平台

此类型的电子商务平台主要是发布农业生产经营相关的政策及市场信息，通常属于官方网站，具有较强的权威性。主要包括两种类型，第一种是由黑龙江省政府有关部门主办的发布农业生产信息的电子商务平台。一方面是综合性农业信息网，发布与农业发展相关的农业政策、农业科技、农业生产以及市场供求等动态信息，如黑龙江农业信息网（www.hljagri.gov.cn）；另一方面是与农业生产相关的专业信息网，如黑龙江绿色食品网（www.lshlj.gov.cn）。第二种是由各级地方政府主办的、旨在宣传当地特色农产品的电子商务平台，如五常大米网（www.wcdmw.gov.cn），这类电子商务平台以发布政策信息、新闻信息为主，对市场供求信息反映的实时性较差。

2）行业协会主办的中介性农业电子商务平台

此类型的电子商务平台主要发布加入行业协会的相关企业的信息，属于专业类信息的发布。例如，黑龙江省农民合作社网（www.hljsnmhzs.com）作为黑龙江省农民专业合作社门户网站，主要发布与农民专业合作社发展相关的政策信息、供求信息等；五常稻米网（www.5cdm.com）由五常市大米协会主办，发布五常大米的市场信息及知名米业企业，旨在宣传五常大米。这类电子商务平台因为受到自身运营能力的局限，一般影响力不大。

3）大型农业企业集团自建的电子商务平台

黑龙江省作为农业大省，有多家具有全国影响力的大型农业企业集团以及农业产业化龙头企业，这些企业一般具有较强的资金、技术和人才实力，通过自建企业网站来宣传和推广相关农产品，如黑龙江北大荒农垦集团总公司（北大荒集团，www.chinabdh.com）通过自建网站宣传其产品和企业文化，同时自建大农网（www.danongwang.com.cn）和北大荒购物网（www.bdhmall.com）等农业电子商务平台，开展农资、农产品等的网络销售。此外，还有众多的农业产业化企业，如五常市金鑫米业有限公司（www.jinxinmy.com）等，都有自建的企业网站，但是这些企业电子商务平台多数是以企业宣传为主，很少有网络销售等功能。

4）政府主办的以销售为主的农产品专业电子商务平台

黑龙江省拥有农业生产的自然优势，大米、绿色食品等具有较强的市场影响力，因此，相关政府部门通过主办专业的特色农业电子商务平台来进行网络销售。如黑龙江大米网（www.hljsdm.com）是由黑龙江省农业委员会主办的黑龙江米业门户网站，是黑龙江优质稻米唯一官方授权平台，严格审核入驻企业，旨在打造中国优质米源产供销一体化综合服务平台。但是目前网站的市场影响力较小。生态龙江（www.ecohlj.com）作为黑龙江省农业电子商务平台，在提供农业生产综合信息服务的基础上，也提供网络销售服务，但是交易活跃度较低。另外，黑龙江省绿色食品交易中心（www.hgftc.com）也推出网上商城，通过电子商务方式销售绿色（有机）食品。

5）专业电商经营的以销售为主的综合性电子商务平台

借助知名的综合性电子商务平台开展农产品网络销售，是当前黑龙江省农产品电子商务经营的主要形式。例如，五常大米在天猫商城（www.tmall.com）开设官方旗舰店，作为地域品牌进行市场推广，此外，也通过京东网上商城（www.jd.com）开展网络营销。因为综合性电子商务平台的影响力大，所以此种网络销售模式是当前主要的农产品电子商务模式。但是由于是分散式销售，很多是通过第三方代理，这对于黑龙江省农产品品牌的凝聚和推广不利。

综合而言，黑龙江省农产品的流通仍以传统的批发市场、农贸市场为主，对于新型的电子商务网络销售模式虽然在积极探索，但是目前效果并不明显。

第三节 黑龙江省农产品供应链集成优化的必然性与可行性分析

一、黑龙江省农产品供应链集成优化的必然性分析

黑龙江省农产品供应链虽然在生产基础、产业化发展以及品牌建设等方面具

有较好的优势，但因为农产品生产分散、精深加工能力弱、品牌建设不足等问题依然存在，所以黑龙江省农产品供应链的高效运作发展仍然面临着挑战。

1. 农产品供应链成员的组织化程度低，农业产业化龙头企业带动作用有限

黑龙江省农产品生产虽然具有一定的规模优势，但整体上，农产品生产经营仍然分散、参与者数量众多。在农村生产环节，农民专业合作社、家庭农场作为初级的生产组织迅猛发展，但是一般规模较小，农民专业合作社一般只需有 5 个以上农户就可以注册，且无须现金注册，对出资的物产也不需要验资，大部分处于初级农产品生产阶段，而且只能简单地按照市场行情去组织生产，难以适应市场变化，市场风险和自然灾害风险较高。同时，农民合作组织和行业协会等处于成长初期，覆盖面小，内部管理不规范，机构管理松散，不能充分发挥作为生产基层组织应有的作用，缺乏组织整合优势。

黑龙江省是农业大省，其农业产业化国家重点龙头企业 2015 年监测合格的只有 42 家，并且这些企业主要从事农产品生产、初级加工及销售，深加工、精加工等高附加值产品少，产业链条短。农业产业化龙头企业规模较小，企业生产经营辐射范围有限，一般只局限于当地，对农产品供应链的带动能力弱。此外，农产品品牌小且分散，很难在销售市场形成品牌带动优势，缺乏品牌整合优势。

2. 供应链成员各自为政、缺乏整合

出于追求自身利益最大化的目的，农产品生产者之间、经营者之间以及生产者和经营者之间的竞争多于合作。已有的农产品供应链多以“农户+合作社（或协会）+农业产业化龙头企业”的形式进行整合，但是农户与农户之间、农户与合作社之间，以及合作社与企业之间的合作关系松散，交流少、缺乏信任，结果导致供应链合作十分有限。加工企业为了追求更多利润而降低原料采购价，农户为了降低生产成本则忽视农产品的质量，每个成员都过分地关注自身利益得失，很少从整体角度来考虑共同的利益，无法实现供应链上的利益最大化。

农产品生产的分散性导致大多数小规模农户没有属于自己的产供销一体化组织，只能独自分别进入市场，在供应链中往往处于被动地位。黑龙江省的农民专业合作社绝大多数为农业生产类合作社，加工类和销售类合作社数量很少，它们无法充分掌握农产品供应链中的全部信息，更不可能根据这些信息安排生产，导致粗放式的农产品供应链管理。供应链上的农户和企业未能形成紧密的合作关系，

难以形成计划、生产、运输、销售、服务和监管为一体的农产品供应链，削弱了供应链的整体竞争优势。

3. 农产品供应链各主体间信息流通不畅

分散的农户、加工企业、销售企业等农产品供应链上各成员之间信息化程度差距较大，发展很不平衡。对于供应链上分散的农户来说，地域、文化以及基础设施不完善等导致分散的农户不能及时掌握市场需求、产品价格等信息，农户生产销售都存在一定的盲目性。对于供应链上的企业来说，企业规模、信息化程度以及信息保密等因素的影响，也导致其不愿意与其他企业共享信息，这在很大程度上阻碍了农产品供应链的信息流通。

目前，黑龙江省尚未建立完善的农产品信息网，已有的黑龙江省农业信息网、黑龙江省绿色食品网等网站都侧重政策性信息的发布，而对于和农产品生产、加工、销售有关的信息等明显滞后，特别是对于农产品信息的分析和预警等严重不足，从农户到零售终端缺乏有效的农产品信息采集、整理和发布系统。同时，具有地方特色的农业信息资源建设严重滞后，不能真正给农民带来实惠，农村科技信息化与农民增收的密切关系尚未得到农民的普遍认可。有些地区流于形式，没有形成真正的建设主体，如科研院所、涉农企业、社团组织等社会力量尚未发挥其主体作用，尚未建立起一支稳定的、高素质的农业信息服务队伍。

4. 农产品供应链服务体系不完善

农产品供应链整合需要一系列的服务体系做保障，但是黑龙江省农产品相关的服务体系还存在很多问题，主要是农产品质量安全监管体系、标准化体系、物流服务体系以及金融保障体系等方面不完善。首先，农产品质量安全监管方面，从黑龙江省情况看，目前农产品质量安全从省到市（地）、县（市、区）都是部门兼管，既没有专门的管理机构，又没有专业的执法人员。全省 50 个农业综合执法机构中，其中 30%是临时机构，9 个市、19 个县（市）在监管机构和专业人员上还是空白，相关工作难以落实到位。其次，黑龙江省绿色食品认证数量 2016 年已达到 2200 个，但是“三品一标”等生产技术地方标准的制定和修订工作明显滞后，致使一些标准落后于农业生产实际，不能有效指导农产品种植和认证，急需修订完善。再次，在农产品物流配送方面，黑龙江省第三方物流体系不够完善，以及冷链物流基础设施不足，导致物流成本占农产品价格的比例高达 20%～30%。

最后，生产环节的农民专业合作社规模小、固定资产少，导致银行贷款难度大，同时没有合适的资金融通渠道，进一步影响了农产品生产环节的发展壮大。此外，政府对农产品供应链服务体系的建立运行尚缺乏整体统筹与宏观规划，很大程度上弱化了供应链服务体系功能的发挥。

综合而言，黑龙江省农产品供应链在各环节衔接上存在不确定性，在各环节自身发展中规模化、组织化程度不高，信息流通不畅，同时社会化服务体系不健全，有必要对其进行集成优化，以促进其高效运营，实现农民增收入、企业增效益、社会增效率的共赢。

二、黑龙江省农产品供应链集成优化的可行性分析

发展现代农业，加快农业产业结构调整升级，实现农业产业化发展，是当前我国农业供给侧改革的重要目标，农产品供应链的集成优化是实现该目标的重要途径。黑龙江省作为农业大省和国家重要商品粮生产基地，对农业生产高度重视，从政府政策支持到农业企业配合，再到农民积极参与都为黑龙江省农产品供应链集成优化奠定了坚实的基础。

1. 政府政策的大力支持

为了加快农业产业的发展，各级政府在农产品生产环节和加工环节提供有力的政策支持。

在农产品生产环节，为了提高农业生产主体的组织化程度，扩大农产品生产规模，国家相关部门先后出台了《中华人民共和国农民专业合作社法》（2006 年 10 月 31 日颁布，2017 年 12 月 27 日修订）、《农民专业合作社登记管理条例》（2007 年 7 月 1 日实施）、《农民专业合作社示范章程》（2007 年 7 月 1 日实施），规范了农民专业合作社的设立和运行程序；农业部又制定了《农民专业合作社示范社创建标准（试行）》（农经发[2010]8 号），进一步规范农民专业合作社的管理，强化其在农业生产中的示范作用；黑龙江省政府制定了《黑龙江省人民政府办公厅关于引导和促进农民合作社规范发展的意见》（黑政办发[2016]115 号），大力培育新型农业经营主体。

继 2013 年中央一号文件首次提出家庭农场概念以来，《农业部关于促进家庭农场发展的指导意见》（农经发[2014]1 号）开始实施，黑龙江省农业委员会 2016 年下发了《黑龙江省农民家庭农场认定管理办法（试行）》（黑龙委经发[2016]29

号），黑龙江省政府 2017 年制定了《关于加快构建政策体系培育新型农业经营主体的实施意见》，哈尔滨市制定了《哈尔滨市 2014 年培育新型农业经营主体工作实施方案》，这些政策有效地促进了黑龙江省家庭农场的发展。

为了促进土地生产经营的规模化、集约化发展，按照农业部等部门《关于认真做好农村土地承包经营权确权登记颁证工作的意见》（农经发[2015]2 号）的要求，黑龙江省政府 2016 年出台了《黑龙江省农村土地承包经营权确权登记颁证工作方案》，加快土地资源的流转。

在农产品加工环节，食品加工业成为黑龙江省四大支柱产业之一，绿色食品产业成为黑龙江省“十大重点产业”之一。省政府制定《黑龙江省绿色食品产业发展规划（2016—2020 年）》，进一步促进绿色食品产业的发展。同时，设定了绿色食品质量规范标准，实施了 73 个绿色食品生产操作规程，建立了农产品质量追溯体系。

在信息技术应用方面，为了贯彻落实《国务院关于积极推进“互联网+”行动的指导意见》（国发[2015]40 号），黑龙江省政府制订“互联网+农业”行动计划，加快推进互联网技术与农业的深度融合，积极推动农业现代化发展。

综合而言，农业生产经营很大程度上受政府政策的影响，而各级政府的政策支持为农产品供应链的集成优化奠定了坚实的制度基础，提供了必不可少的政策保障。

2. 农业产业化龙头企业的配合支持

黑龙江省农业产业的发展离不开农业企业特别是农业产业化龙头企业的发展支持。在黑龙江省大力发展以绿色食品产业为代表的“十大重点产业”的背景下，黑龙江省形成了农业产业良好的发展条件，食品加工体系粗具规模，一批收入超亿元的农业企业迅速发展壮大，形成超百亿元的企业 2 家，超 10 亿元的企业 28 家，初步形成了以大豆深精加工业、玉米加工业、土豆精淀粉加工业、乳制品企业、无公害有机米加工业以及肉制品加工业等为代表的优势农产品加工业，其中九三粮油工业集团有限公司、哈高科大豆食品有限责任公司、黑龙江龙凤玉米开发有限公司、北大荒马铃薯集团有限公司、完达山乳业、黑龙江飞鹤乳业有限公司、黑龙江大庄园肉业有限公司等一批全国性农业产业化龙头企业成为黑龙江省农业产业化龙头企业的代表。并且打造了一批如完达山乳业、黑龙江飞鹤乳业有限公司、九三粮油工业集团有限公司等具有全国影响力的中国品牌，树立了黑龙江省绿色（有机）食品的品牌标志，特别是全省有 9 家乳制品企业包揽了国家首批食品工业企业诚信管理体系评价证书，为黑龙江省乳品行业奠定了品质保证。

黑龙江省具有得天独厚的农业生产自然条件和土地资源，因此这些农业产业化龙头企业依托土地资源等优势，一般拥有从土地到农产品生产再到农产品销售等相对完善的农业产业链。例如，完达山乳业有600万亩天然草原牧场，50万头良种奶牛，奶源基地主要分布于北纬45° 的黑土带，优良的生态环境为生产优质原料奶提供了必不可少的自然资源基础。在生产管理上，完达山乳业融合了同行业最前沿的生产技术，并且制定了从原料验收到成品出厂一整套完善的管理制度，制定的质量与食品安全标准多达1155项，企业品牌成为中国有影响力的商标。正是这些农业产业化龙头企业的积极配合支持和发展壮大，使得黑龙江省农产品供应链有了深度集成优化的基石，为黑龙江省农业产业发展奠定了坚实的实践基础。

3. 广大农户的热情参与

黑龙江省农村人口数量在2014年为1609.5万人，占总人口数量的42%，主要从事农业生产，2014年农村常住居民人均可支配收入10 453元，同比增长11.6%。为了扩大农业生产，提高收入水平，在国家农业政策的支持下，黑龙江省农户积极建设家庭农场，截至2015年6月，建成家庭农场2.86万户，同时农户积极参与农民专业合作社等组织，已组建近7万家农民专业合作社，并组建农民专业合作社联合社近百家，成为农业生产重要的基层组织，为黑龙江省农业生产规模化提高奠定了重要的组织基础。为了提高农业生产的机械化水平，黑龙江省农户积极组建农机专业合作社，到2016年底，共组建1359家农机专业合作社，2016年有15家农机专业合作社成为全国农机专业合作社示范社，大大提高了农业生产的机械化水平，为进一步提高农产品生产效率奠定了良好的基础。

综合而言，无论政策支持还是农业产业化龙头企业的支持配合以及广大农户的积极参与，都为黑龙江省农产品供应链在农产品生产、加工等方面提供了集成优化的必要条件。

第四章　农产品供应链集成优化面临的风险分析

第一节　农产品供应链外部风险分析

一、自然灾害风险

农产品生产完全依赖于自然资源，天气等气候条件的影响尤其大。近年来，由于受人类活动的影响，极端天气等情况频发，给农业生产带来了极大的影响。雨雪冰雹、干旱、洪涝、地震等自然灾害频发，给我国农业生产带来巨大损失。相继发生的汶川地震、玉树地震等重大地震灾害，造成交通中断，农产品运输受阻，价格上扬，影响农产品市场稳定。2015 年，我国农作物受灾面积达 21 769.8×10^3hm^2，其中绝收 2232.7×10^3hm^2。因干旱、洪涝受灾年均损失粮食超 300 亿 kg。

黑龙江省位于我国最北端，气候、地貌、土壤、植被等自然条件复杂，农产品生产季节短，自然灾害发生频率高，生态环境恶化，进一步阻碍了农业生产。黑龙江省主要的自然灾害包括干旱、洪涝、低温、大风、农作物病虫害等，其中干旱和洪涝灾害造成的损失最大。特别是近几年，干旱化日趋严重，2000 年因干旱受灾比例达到 97.42%，给农产品生产带来极大的损失。2016 年黑龙江省局地罕见旱情造成超 3000 万亩农田受灾，高温导致玉米减产严重，同时还波及畜牧业，导致畜牧业养殖成本提高。

二、市场风险

农产品市场交易过程中一方面面临着市场需求不确定性风险，另一方面面临着供给风险。其中市场需求不确定性风险主要是人们收入水平提高，这对农产品的消费提出了更高的要求，如近几年消费者对绿色食品、有机食品的需求越来越多，对食品安全关注越来越高，这就要求农产品供给方必须提高技术水平，从生产、加工到市场销售做到安全、绿色、有机以满足消费者的需求。

另外，在农产品供给方面，工业化的冲击，以及建设占用、灾毁、生态退耕、农业结构调整等因素的影响，造成耕地面积持续减少，农产品生产的土地资源紧缺等问题。我国耕地面积从 2011 年的 13 523.86 万 hm^2，减少到 2015 年的 13 499.87 万 hm^2，并且优等地和高等地仅占耕地总面积的 29.4%。黑龙江省耕地面积虽然有所增加，但是大多数土地都属于中等地（国土资源部《2016 年中国国土资源公报》）。

此外，受农业生产机械化普及以及农业生产收入低等因素影响，更多的农村人口转移，导致农业生产中以老人、妇女为主，造成农业生产力短缺等问题。黑龙江省农业从业人口持续减少，2014 年农业从业人口为 647.9 万人，比 2005 年减少 48.8 万人。受非农就业机会增加、农业生产成本上升、农业生产收益低等因素的影响，农民生产积极性持续减弱，农产品供应减少的风险增加。

三、突发事件风险

农产品生产销售也会受突发事件的影响，其中主要包括两方面：一方面是突发的经济社会事件；另一方面是突发的公共卫生安全事件。近年来，国际经济形势比较严峻，2008 年金融危机的影响至今犹存，导致国际贸易受到影响，同时国际地区不稳定因素时有发生，也可能导致对我国农产品的进出口产生影响。

此外，非典、禽流感、口蹄疫等群体性疾病的暴发，不但影响正常的社会生活秩序，也对农产品的供给产生较大的影响。同时，食品安全问题时有发生，三聚氰胺、瘦肉精、苏丹红、地沟油，以及农药残留超标等问题对农产品的市场供应和消费者信心造成不利的影响。黑龙江省作为绿色（有机）食品的生产基地，虽然有较好的市场口碑，但是在公共安全事件时有发生的背景下，也不可避免地受到波及，影响农产品的供给和销售。

第二节　农产品供应链内部风险分析

农产品供应链是农产品沿着农户、加工企业、物流中心、零售商以及消费者运动的一个网状链条（杨维霞，2011），在这一网状链条结构中存在多个环节，每个环节又存在众多主体。由于农产品生产经营的难度较大，尚未完全形成以核心企业为主导的成熟的农产品供应链，其产业化、市场化程度较低，各个环节主体在经营过程中面临的不确定性风险较高。

一、农户风险分析

我国人多地少的国情以及实施家庭联产承包的土地制度，导致我国农业生产仍然以小规模的家庭为单位来进行。虽然黑龙江省人均土地面积居全国首位，但是农业生产仍然以分散的家庭为单位。农户一方面向上游购买农业生产必需的农用物资，另一方面向下游销售初级农产品获得农业生产收入，因此农户是构成农产品供应链的基础环节和重要环节。但是，由于农户无法事先预测以及市场谈判能力较弱，农业生产面临着更大的不确定性，农产品生产前、生产中和生产后三个阶段面临着不同的风险。为了更加详细地了解黑龙江省农户在农业生产过程中面临的风险，本书对方正县水稻种植农户通过电话、面对面等方式进行访谈调研，以进一步评估农户面临的风险。

1. 农产品生产前面临的风险

农户在农产品生产前需要决定种植什么、种植多少农产品，同时需要根据种植规模购买农资物品，因此其生产前的风险主要包括两方面。

第一，产前决策风险。农业生产不同于工业生产，一方面其生产周期长，另一方面，由于受气候等自然条件限制，一旦决定种植什么农产品以及种植多少，中途无法变更，一旦变更就会全部损失，尤其对于地处北方一年只有一季农产品生产周期的黑龙江省而言，产前决策尤为重要。通过访谈得知，大多数农户都是根据往年经验以及生产习惯来决定农产品的生产规模，一小部分和企业有购销合同的农户根据合同内容制定生产决策，农户很难根据农产品的市场需求来制定生产决策。一旦实施农产品决策，农户需要为此购置农业机械设备、农药、塑料薄膜等专用性资产，且不易转作他用，一旦中途改变，这笔投资都将成为损失。因此，缺乏对农产品市场需求的预测导致的产前决策风险，是农户面临的重要风险。

第二，购买农资风险。农业生产中，农用物资的质量直接决定了农产品的品质，特别是对于黑龙江省绿色（有机）食品的生产更是具有关键的影响。但是信息的不对称，以及农资供应商提高自身利益的驱使，导致农户购买到低质伪劣农资物品的风险加大。访谈中农户也提到购买到伪劣化肥、农药的问题时有发生，严重影响了农产品的数量和质量。同时，农户的生产规模小，购买农资的数量受限，其和农资供应商的议价能力较弱，无法以较低的价格购买农资，导致生产成本提高，从而使农产品价格不具备市场竞争力，间接导致市场销售的风险。

2. 农产品生产中面临的风险

农产品的生产是一个长期的过程，稻谷、大豆、玉米等农作物一般有几个月的生产周期，在此期间面临着很多不确定性风险。

第一，农产品质量风险。农产品生产受自然环境影响明显，一旦发生自然灾害，可能导致农产品减产甚至绝收，另外病虫害发生得越来越频繁，如果防治不及时，会直接影响农产品的质量，同时如果农药等物资使用不当，还会造成农药残留超标，直接影响市场销售。因此，农产品生产过程中，其品质、外观等能否达标有很大的不确定性。调研发现，多数农户都会面临病虫害导致的农产品质量下降、影响市场销售的情况。

第二，农产品成本风险。农产品生产是一个需要长期投入的过程，在这一过程中可能会遇到各种突发状况，需要追加投入。如遇到干旱气候，需要增加灌溉次数，病虫害严重也需要追加农药等投入，同时人力劳动成本也会增加，这些都会直接提高农产品的生产成本。此外，当农产品生产过程中面临的资金需求较大时，还可能有融资、贷款等风险，农户作为分散个体，缺乏固定资产抵押，更增加了贷款的难度。

3. 农产品生产后面临的风险

农产品生产完成后仍然面临着不确定性风险，主要包括两个方面。

一方面是市场价格波动风险。农产品市场价格受供给影响较大，当某一种农产品市场供给过剩时就会导致价格急剧下跌，给农户带来巨大损失，特别是对于蔬菜水果等不易储存的生鲜农产品，甚至会出现农户倾倒农产品的情况，如 2017 年出现的“蒜你完”现象，农户遭受巨大损失。

另一方面，在农户与下游企业有收购合约的情况下，还存在合约风险。由于农产品市场的高度不确定性，农产品在进行市场交割时市场价格很可能低于合约价格，合作企业为了减少和避免损失往往倾向于低价收购，甚至拒收或部分收购农产品。面对企业的违约行为，单个农户由于自身能力所限往往只能忍气吞声，承担损失。

农户在农产品生产中面临的这些风险会使农户倾向于选择低风险、低收益的经营活动，如外出打工等，从而放弃参与农产品供应链，造成农产品供应链存在断链的风险，使得农产品供应链变得更加脆弱。

4. 农户风险的识别

综合农户在农产品生产过程中面临的风险，可以将其归纳为三个方面。

首先，信息风险。无论是产前的生产决策风险、购买农资风险，还是产后的市场价格波动风险，其根源都在于农户缺乏对市场需求信息的预测和掌握能力，农产品供求之间存在严重的信息不对称，加之农户自身文化素质较低（调研发现80%的农户只具有初中及以下学历）、信息技术掌握不多等导致的决策能力弱，又进一步增加了农户的经营风险。此外，农户处于农产品供应链的最前端，其信息获取途径更多地来源于和其相邻的节点企业或其他间接渠道，这些成员为了维护自身利益，往往会刻意隐藏真实的信息，导致信息集成与共享程度较低，造成市场需求信息传递的扭曲，从而导致农户决策的失误。

然后，组织风险。农户自身规模较小、生产分散等特性，导致其与上下游的企业或经销商之间的合作交易成本较高，使得大型的农业生产企业不愿意与他们建立长期的深层次的合作，农户在农产品供应链中处于明显的弱势地位，没有更多的话语权，谈判能力弱，因此在上游的农资购买中不具备价格谈判能力，在下游的农产品销售中也不具备转移市场价格波动风险的能力。

最后，信任风险。农产品供应链涉及多个环节，众多主体，其正常运行的关键在于各参与方之间的相互合作，而相互合作又是建立在相互信任的基础之上的。农产品供应链作为一种典型的效率型供应链，其运作成本直接决定了农产品的最终市场价格。农户与其上下游企业或组织之间的相互信任不仅能够降低相互之间的交易成本，还能够提高整个农产品供应链对市场需求的响应能力。农户与农资供给方、下游加工企业间缺乏信任的基础，导致双方在交易过程中讨价还价，或者以次充好，不仅大大增加了交易成本，还影响了供应链的快速反应能力。这种信任风险一方面来源于缺乏权威的信息发布渠道和严格的农资、农产品质量监管体系，另一方面农户与上下游企业之间缺乏恰当的利益分配机制，导致各方为了自身利益而牺牲对方的效益。

二、农民专业合作社风险分析

为了降低单个农户在农产品生产环节中规模小、分散化等原因带来的不确定性风险，黑龙江省大力发展农民专业合作社，提高了农户的组织化程度，扩大了农产品生产规模，提高了农户的谈判能力和抵御市场风险的能力。

对黑龙江省农民专业合作社的调研和相关研究都显示，农民专业合作社可以有效降低农产品在供应链上的交易成本，在融入农产品供应链方面具有较强的优势。在产前的农资购买环节，如哈尔滨市通河县华隆水稻农民专业合作社采用团购策略，大幅降低了种子购买成本。在农产品生产环节中，通过机械化服务等方式提高农产品生产的自动化、机械化水平，同时采用联合采购的方式，降低农药等物资价格，如五常市李玉双水稻种植农民专业合作社与农药公司建立长期合作关系，农药采购成本降低 30%～40%。此外，农民专业合作社利用自身的规模优势，建立稳定的销售渠道，降低了市场交易的不确定性。因此，农民专业合作社在提高农户组织化程度，降低农产品生产成本、交易成本等方面都表现出了较强的优势，是当前扩大农产品生产规模、提高农户生产组织性的重要形式。但与此同时，农民专业合作社在农产品供应链运作过程中同样面临着不同的风险。对黑龙江省发展较好的几个农民专业合作社发展情况进行调研，通过对理事长的采访交流，获得如下有效信息。

1. 种植结构调整风险

农民专业合作社的成立和发展是以专业化生产为前提的，加入农民专业合作社的成员都是以专门生产某一种农产品为主，这种生产模式虽然有利于扩大生产规模，实现规模效应，但是当市场需求发生变化时，就面临着滞销或降价销售的风险。黑龙江省的农民专业合作社中有近半数是种植业农民专业合作社，2013 年这一占比达到 48.54%，高于全国 2.64 个百分点，并且绝大多数种植业农民专业合作社以粮食种植为主。不同于一般的经济作物，粮食作物的生产周期较长，经济效益较低，因此农民专业合作社成员面临收入较低的风险。为了稳定粮食生产，我国一般采取保护价收购粮食。

为了促进农业发展，提高农民收入，地方政府鼓励调整农业产业结构，如黑龙江省大力发展养殖业农民专业合作社、农机专业合作社等，同时在种植业中大力拓展蔬菜、水果等经济作物的种植面积，这种调整虽然可能给农户带来较高的收益，但是农产品生产的专业性投资、农业生产技术调整的影响等，会导致农民专业合作社很难快速做出调整。同时，产品多样化是分散市场风险的重要途径之一，但是农民专业合作社单一化、专业化的农产品生产结构使其面临更多的不确定性风险。

2. 农民专业合作社的营销能力弱，存在产业链延伸风险

黑龙江省的农民专业合作社都是基于农产品生产、加工或流通某一个环节而形成的，并且种植业、养殖业专业合作社占到 64.6%以上，加工类专业合作社仅占农民专业合作社总数的 1.02%，每个农民专业合作社平均拥有社员数量不足 10 户，远低于全国 78 户的平均水平（2013 年数据）。农产品供应链中价值增加最多的环节是加工环节和销售环节，但是黑龙江省的农民专业合作社在这两个环节都是弱项，特别是农民专业合作社的营销能力不足。

在对黑龙江省农民专业合作社的调研中发现，很少有农民专业合作社设置专门的销售部门和市场部门，即便个别农民专业合作社设置了销售部门，但是与市场衔接不紧密，也严重影响了农民专业合作社的营销能力。近年来，随着电子商务的快速发展，有些农民专业合作社也开始建设网站，利用电子商务平台开展网络销售，但是通过对相关农民专业合作社的网络搜索发现，其信息往往停留在几年前，产品展示和相关介绍也比较简单，没有系统的网络营销体系，如黑龙江省农民合作社网作为黑龙江省农民专业合作社门户网站，关于优秀合作社也仅限于名称、地点、联系电话、主要产品图片展示等简单的宣传介绍，而且信息陈旧落后，没有及时维护。

农民专业合作社成员数量的有限性意味着合作社的生产规模、资金、技术实力都非常有限。为了提高农产品附加值，向下游拓展产业链是必然趋势，但是生产模式的单一性和规模实力的限制阻碍了农民专业合作社的产业链拓展，导致生产、加工、销售等环节衔接的不确定性风险增加。

3. 农民专业合作社自身的组织运作风险

农民专业合作社是农户为了扩大生产规模而成立的自愿性组织，为了生产上的便利性，一般都是就近组建，黑龙江省农民专业合作社绝大多数都是在本村镇设立，成员也都是本村镇村民。根据《农民专业合作社登记管理条例》，农民专业合作社只需要 5 名以上成员即可成立，相关准入门槛较低。虽然《农民专业合作社登记管理条例》规定了合作社相关的组织机构设置以及相关权利义务，但是农民专业合作社的管理仍然由成员自己担任，几乎没有聘任专职的管理人员。受过较好教育的年轻人都外出工作，农民专业合作社的成员年龄都趋于老龄化，大多只具有初中文化，由于大多农民的文化水平有限，农民专业合作社自身的管理运作存在较大的不规范性等风险。同时，随着农民专业合作社

成员数量的增加，成员之间的协调成本也逐渐增加。农民专业合作社成员之间的协调更多地建立在相互信任的基础之上，由于缺乏规范的管理制度，成员在制定决策、安排生产、筹措资金等方面面临较大的不确定性。

4. 农民专业合作社经营的政策依赖风险

我国的农民专业合作社是在各级政府的大力支持下逐渐发展起来的，在农资购买、农产品收购、融资需求等方面都提供各项优惠支持措施，这也直接导致了农民专业合作社对政府投入依赖过大。例如，黑龙江省重点扶持农机专业合作社，从2003年组建农机专业合作社，到2013年农机专业合作社发展到1700多家，其中916家达到千万元以上规模，居全国首位。在《2015年黑龙江省现代农机合作社建设方案》中，农机装备投入规模原则上为500万～1500万元，建设资金的60%由省财政补助，40%由农机专业合作社自筹。这固然有利于农民专业合作社的发展，但也带来了合作社对政府财政支持的依赖性。一些合作社甚至恶意套取国家补贴，一些合作社的盈利来自于国家福利，自我经营的可持续发展能力变弱。

此外，农民专业合作社生产经营所需的土地资源大都通过土地流转等获得，我国家庭联产承包土地制度的实施，导致土地使用权的分散，农户为了自身利益往往不愿意流转土地，或短期流转，造成合作社土地资源不稳定，影响农产品的生产。

5. 农民专业合作社的风险识别

农民专业合作社虽然比农户具有较好的抗风险能力，但是在市场需求、组织化运作、供应链延伸等方面同样存在风险。

首先，市场需求风险。与农户生产决策类似，农民专业合作社的农产品生产决策同样面临着市场需求信息不确定的风险，但是农民专业合作社由于生产规模较大，其产前决策更多地依赖于政府的相关政策。例如，黑龙江省农民专业合作社以粮食生产为主，因此国家的粮食收购保护价就是其能够承受的风险底线。同时，作为绿色（有机）水稻的生产基地，五常大米、响水大米、方正大米、延寿大米等品牌具有较强的市场影响力，市场需求较好，但往往面临着品牌被假冒的风险，造成不良的市场影响。因此，农民专业合作社在生产过程中一方面要保证大米的生产品质，另一方面还要采用现代科技防止假冒伪劣产品，保护自身品牌，这就使得农民专业合作社面临更大的市场风险。

此外，黑龙江省农民专业合作社更加注重农产品的生产、加工环节，市场营销能力弱，面对激烈的农产品市场竞争，缺乏有效的市场营销推广策略和方法，导致农产品品牌影响力差，市场竞争力不足，这些都说明黑龙江省农民专业合作社面临较大的市场需求风险。

然后，组织化运作风险。组织化运作风险主要表现为农民专业合作社的规范性差，自身管理水平有限，导致农民专业合作社在组织机构设置上不完善，往往缺少市场营销推广部门；利益分配机制不健全，影响农民专业合作社规模的扩大；缺乏长期发展规划，导致农民专业合作社可持续发展能力不足等问题。这些问题都源于农民专业合作社的自组织性质，缺乏科学的企业管理制度的约束，因此需要政府部门制定更加完善的政策制度加以引导，通过设定严格意义上的专业合作社规范化评价标准，引入竞争淘汰机制等进一步降低农民专业合作社的经营运作风险。

最后，供应链延伸风险。农民专业合作社往往处于农产品的生产、加工、销售等独立环节，由于农业生产资产的专用性以及农民专业合作社资金技术的限制，农民专业合作社很难有足够的人员、资金和技术从事本环节以外的业务。因此，农民专业合作社往往被固化于农产品生产的某个环节，很难通过自营或投资、并购等资本运作实现农产品的纵向一体化发展，造成农产品供应链的延伸能力弱。即便通过联盟等方式形成了纵向一体化的组织形式，由于管理难度的增加也会大大增加农民专业合作社的经营管理成本，本来就有限的农民专业合作社资源更加分散，不利于专业化、规模化的发展。因此，实践中很少有农民专业合作社进行纵向一体化的发展，这就导致农产品供应链衔接上存在较大的不确定性。

此外，农民专业合作社作为农产品供应链上游组织，很难成为供应链上的核心企业，往往是大型农产品加工企业向上游延伸从而控制农产品生产源头，因此农民专业合作社在农产品供应链上往往处于被动选择的地位，市场影响力和风险抵抗力都较小。

三、农产品加工企业风险分析

黑龙江省虽然是产粮大省，但其粮食加工率仅为 55%，低于全国 10 个百分点，深加工率更是不足 33%，低于全国 7 个百分点。截至 2014 年底，绿色（有机）食品种植面积约占全国的 1/5，但是绿色食品总产值仅占全国的 1/6。黑龙江省将食品工业作为十大重点行业着力发展，因此大力发展农产品加工业，拓展和延伸农产品产业链，是黑龙江省农业生产的重点，农产品加工企业承担着农产品加工的重任。

虽然在黑龙江省政府的大力支持下，已经形成了近百家国家级农业产业化龙头企业和500家省级农业产业化龙头企业，但相对于粮食生产连续增长、消费者多样化需求趋势以及较低的农产品加工率，黑龙江省农产品加工企业仍面临着多种风险。

1. 原料供给风险

黑龙江省作为我国的粮食主产区，粮食产量居全国首位，理论上农产品加工企业不应该有原料供给问题，但是实际上，在初级农产品供给上，黑龙江省农产品加工企业仍然面临较大风险，主要表现在以下几个方面。

首先，市场价格倒挂。初级农产品市场价格上涨，导致农产品加工企业原料收购成本增加。例如，黑龙江省作为重要的水稻主产区，国家对水稻实行保护价格的政策性收购，对市场构成较大的心理压力，水稻价格上涨，但是大米价格没有上涨，稻贵米贱使企业未加工先亏本。同时，南方地区一年两熟、一年三熟的水稻种植条件，使得其收购价格远低于黑龙江省一年一熟的水稻，加之我国南方地区食品加工企业相对发达，就地加工的生产成本更低，使得黑龙江省大米市场缺乏价格竞争优势。

然后，转基因农作物的冲击。转基因农作物由于产量高、价格低，逐渐成为农产品市场的重要组成部分，我国虽然对转基因农作物有严格的限制，但是玉米、大豆等转基因农作物仍然成为我国农产品进口的重要部分。例如，黑龙江省是我国非转基因大豆的主产区和加工区，近年来在进口转基因大豆的冲击下，黑龙江省大豆种植面积日益萎缩，从2010年到2013年大豆种植面积缩减一半，导致黑龙江省内油脂加工企业原料不足，生产受阻。

最后，原料供给稳定性的影响。由于农产品生产的周期长、季节性强，为了保证原材料的连续稳定供给，农产品加工企业往往通过自建生产基地（如农场）、和农户签订合作协议、与农民专业合作社联盟等方式来保障原料的供应，但是同样存在风险。自建生产基地不仅需要拥有大规模的土地资源，还需具备资金、技术等优势，因此只适合大型农业产业化龙头企业，采用农产品生产、加工、销售为一体的经营模式。对于采用和农户签订合作协议的方式，由于农户生产的分散性，监督成本较高，很难保证农产品原料的品质，给后续的农产品加工生产带来质量隐患。此外，与农民专业合作社联盟的方式，往往缺乏有效的约束机制和激励机制，导致联盟的松散化和存在随时解体的风险。因此，为了保证有效的农产品原料供给，除了选择合适的组织模式，还应该有配套的管理机制加以管理。

2. 产能不平衡风险

产能不平衡主要表现为落后产能相对过剩，而先进产能相对不足。食品工业作为黑龙江省的主导产业之一，2013 年规模以上食品工业企业数量达到 1200 多家，但是仍然存在大量的中小型加工企业，如 1326 家玉米加工企业，绝大多数都是中小型企业。低水平重复建设现象严重，产品同质化、高耗能、工艺落后的企业数量多。据黑龙江省大米协会统计，自 2011 年开始，黑龙江省稻米加工企业多数处于停产或半停产状态，亏损状况严重。2013 年以来，五常市稻米加工企业约有一半停产，牡丹江稻米加工企业中 50%以上处于全停产状态。2013 年有近半数或超半数稻米加工企业亏损。稻米加工企业亏损的原因主要在于落后产能相对过剩，先进产能严重不足。此外，大豆加工业方面，由于大豆原料严重不足，全省绝大多数油脂加工企业已经停产，中小企业甚至面临破产的风险。

此外，与农产品深精加工密切相关的先进产能相对不足。例如，水稻加工过程中会产生稻壳、米糠、碎米等副产品，而利用稻壳可以发电，用稻壳灰可以加工白炭黑、提炼硅胶等，甚至可以利用米糠提炼维生素 E 等；大豆精深加工可以提取大豆磷脂、大豆异黄酮、低聚糖、维生素 E 等产品；玉米经过深加工可以生产氨基酸、食用酒精、燃料乙醇等产品。但是黑龙江省农产品加工的多数还是初级产品，深加工能力不足，技术设备落后。

黑龙江省农产品加工企业产能不平衡，一方面造成了落后产能的资源浪费，另一方面先进的深精加工能力不足，又阻碍了农产品产业链的延伸，造成产业链条短，严重影响了农产品附加价值的提升，增加了农产品加工企业的经营风险。

3. 市场竞争风险

黑龙江省农产品虽然具有绿色、有机等鲜明的地域特征，但是在市场竞争中仍然面临着价格、品牌等方面的风险。

首先，进口农产品的冲击。随着我国对外开放的进一步深入，我国进口农产品关税降低，进口农产品急剧增加，特别是近年来，粮、棉、油等主要农产品呈现全面价格倒挂态势。受进口农产品量大价低的冲击，黑龙江省农产品的市场竞争力严重不足。例如，2012 年以来，我国进口大米激增，比 2001 年增长了近 8 倍。2013 年越南进口大米的完税价格为 3 元/kg，而黑龙江省加工完成的大米售价为 4.4 元/kg，后者具有明显价格劣势。

其次，外资企业的竞争压力。随着国际竞争的逐渐加剧，跨国食品巨头企业纷纷抢占很大市场，雀巢、可口可乐、达能、好丽友等食品饮料企业已经成功占据中国大量市场。外资企业进一步在农产品产业链上延伸，如大豆产业，外资通过收购参股等方式控制了国内大部分油脂企业，同样从销售环节开始，收购或建立了面粉加工厂等，进入农产品加工领域。黑龙江省农产品加工企业深加工能力不足，导致其在产品研发、新产品推广以及品牌影响等方面都远低于跨国企业，因此，黑龙江省农产品加工企业无论是在加工环节，还是对农产品供应链的整体控制方面都面临着外资的竞争压力。

再次，品牌凝聚风险。黑龙江省农产品加工企业大多缺乏品牌建设意识，特别是数量众多的中小型加工企业，对企业的产品品牌建设和维护缺乏系统的管理，导致黑龙江省农产品品牌散、小、杂。例如，黑龙江省大米虽然有五常大米、响水大米、方正大米等地域品牌，但是这些都不是商品品牌，数量繁杂的商品品牌不但没有真正形成市场竞争优势，反而导致严重的同质化竞争。又如，2015 年五常市有大米加工企业 280 多家，注册的大米品牌多达 150 多个，还有 59 个正在申报中。一个大米加工企业有时竟然使用 2～3 个品牌，全省大米品牌多达上千个。大米加工企业各自为战，不仅难以扩大市场影响力，还造成了黑龙江省大米品牌的内耗，更增加了市场控制难度。

最后，市场营销推广不足风险。黑龙江省农产品加工企业的销售渠道更多地还是通过传统的批发商+零售商模式，这种模式一方面交易成本较高，另一方面无法体现企业对市场的直接影响力。近年来，黑龙江省大型农业产业化企业开始利用电子商务这种新型的销售模式开展市场推广，如北大荒集团建设大农网、好特旗舰店等网上商城。同时，各级政府也开始重视电子商务网络平台的应用，如推出黑龙江大米网，尝试黑龙江优质农产品网上拍卖模式。这些都取得了一定的成绩和市场影响，但是仍然是以政府主导为主，农产品企业的能动性不足，面对激烈竞争的农产品市场，其营销创新能力不足。

4. 农产品加工企业风险识别

综合黑龙江省农产品加工企业面临的风险分析，可以将其主要风险归纳为以下几点。

首先，企业自身风险。黑龙江省农产品加工企业数量庞大，但是相对于工业企业或外资企业，在企业规模、资金、技术实力等方面都存在较大的差距，特别是新产品研发能力、深精加工能力的不足，严重制约了其向农产品产业链高端延伸的发展，导致农产品加工企业开工不足、盈利能力差的后果。此外，农产品加工企业的管理水平不高，也导致其市场开拓能力弱，品牌凝聚力差，市场竞争力优势不明显。

然后，供给风险。黑龙江省农产品加工企业面临的最大问题是初级农产品的供给不足，因此应该通过建立企业+农户/农民专业合作社/生产基地等组织模式来加强供应链的衔接。但是沟通、信任、利益分配等多种原因，往往导致这种衔接不能有效进行，从而增加了农产品原料的供应风险。

最后，需求风险。提高农产品的深精加工是提升市场需求的重要途径，但是前提是必须了解和掌握准确的市场需求信息，做到有的放矢才能够制定正确的企业发展战略和计划。但是，黑龙江省农产品加工企业往往挣扎在生存的边缘，追随竞争对手来做出市场反应，不能科学预测和把握市场需求，这就注定其只能作为市场的追随者而不是引领者，长此以往必然会影响企业发展。

第三节　农户视角的黑龙江省农产品供应链风险识别

为了更加准确和科学地识别黑龙江省农产品供应链的风险，本节采用模糊综合评价法对农产品生产环节中农户面临的供应链风险进行量化分析。因为农户的生产经营行为是我国当前主要的农产品生产模式，同时是黑龙江省的农产品生产的基本单位，并且加入农民专业合作社的成员仍以农户为主，所以选择农户作为农产品供应链风险分析的对象具有较好的代表性。

一、农产品供应链农户风险识别评价指标体系

Mason 等（1998）提出，根据供应链风险的来源，供应链风险可以分为五种类型，即环境风险、需求风险、供应风险、流程风险和控制风险。考虑到农产品供应链不同于一般的工业品供应链，并且结合前面对农产品供应链分析的内容，本书将农产品供应链风险分为供应风险、需求风险、组织风险和环境风险四个方面，每个方面又可以进行细分，从而得到 15 个细分指标，得出如表 4-1 所示的农产品供应链中农户风险识别评价指标体系。

表 4-1　农户风险识别评价指标体系

风险因素	二级指标
供应风险 A_1	农资物品质量问题 A_{11}
	农资价格波动 A_{12}
	农资投入决策 A_{13}
	农资供应商履约影响 A_{14}

续表

风险因素	二级指标
需求风险 A_2	市场需求变化 A_{21}
	与下游企业合作不确定性 A_{22}
	农产品价格波动 A_{23}
组织风险 A_3	农产品生产管理规范化 A_{31}
	农产品质量安全 A_{32}
	获取市场信息的能力 A_{33}
	农户之间竞争压力 A_{34}
环境风险 A_4	自然环境 A_{41}
	政策环境 A_{42}
	经济发展 A_{43}
	技术发展 A_{44}

本书数据主要来源于对方正县水稻种植农户的调研，方正县是以水稻生产为主的农业县，是我国寒地水稻旱育稀植技术发源地，截至 2016 年建成水稻示范园 8 个，示范面积达 40 万亩，拥有“方正大米”地域品牌，对于黑龙江省农户具有代表意义。为了调研的便利性，采用计算机、手机等方式发放调研问卷，并结合面对面访谈交流等辅助方式，共收回有效调查问卷 89 份。运用层次分析法设计评价指标并确定各因素权重，运用模糊综合评价法计算综合评价结果，能够结合两者的优点，同时降低主观性因素对评价结果的影响。

二、农产品供应链农户风险评估

1. 描述性统计分析

对调研农户的描述性统计分析显示，农户的户主有 80.1%为男性，与黑龙江省农业从业人员男性占比较多相一致；被调查者中 59.2%的年龄为 40～65 岁，说明黑龙江省农业生产以中老年为主；大部分被调查者只有初中及以下学历，说明农户的受教育水平较低。

2. 确定各因素的权重

首先，根据建立的农户风险识别评价指标体系构建风险模糊因素集，可表示为

$A_1=\{A_{11},A_{12},A_{13},A_{14}\},A_2=\{A_{21},A_{22},A_{23}\},A_3=\{A_{31},A_{32},A_{33},A_{33}\},A_4=\{A_{41},A_{42},A_{43},A_{44}\}$。

然后，建立五个两两对比矩阵，采用专家评价法对矩阵中的风险因素的重要性进行两两对比，采用 9 分标度法，构建专家评分矩阵，其中用 1、3、5、7、9 分别表示同样重要、比较重要、明显重要、非常重要、极其重要。然后对权重进行一致性检验，运用方根法求解每个矩阵的特征向量，即各因素对应的权重。

同时，计算一致性比率（consistency ratio，CR），若 CR<0.1，则评分矩阵满足一致性检验。本书使用 MATLAB 进行运算，得到矩阵的特征向量，并对权重结果用算数平均法求平均值，得到各因素的权重，若 CR 值均小于 0.1，则权重通过一致性检验。

最后，得出各风险因素的权重为 W=（0.1946，0.4989，0.1638，0.1427），对应的风险权重大小为：需求风险＞供应风险＞组织风险＞环境风险。相应的二级评价指标的权重分别为：供应风险的权重 W_1=（0.2651，0.2212，0.2434，0.2703），需求风险的权重 W_2=（0.3923，0.2843，0.3234），组织风险的权重 W_3=（0.1455，0.3533，0.2821，0.2191），环境风险的权重 W_4=（0.2317，0.2724，0.2017，0.2942）。

将该权重进行计算可得到每个细分风险因素的权重值，如表 4-2 所示。

表 4-2 农户风险指标权重

风险因素	权重 1	二级指标	权重 2	综合权重	排序
供应风险 A_1	0.1946	农资物品质量问题 A_{11}	0.2651	0.0516	6
		农资价格波动 A_{12}	0.2212	0.0430	9
		农资投入决策 A_{13}	0.2434	0.0474	7
		农资供应商履约影响 A_{14}	0.2703	0.0526	5
需求风险 A_2	0.4989	市场需求变化 A_{21}	0.3923	0.1957	1
		与下游企业合作不确定性 A_{22}	0.2843	0.1418	3
		农产品价格波动影响 A_{23}	0.3234	0.1613	2
组织风险 A_3	0.1638	农产品生产管理规范化 A_{31}	0.1455	0.0238	15
		农产品质量安全 A_{32}	0.3533	0.0579	4
		获取市场信息的能力 A_{33}	0.2821	0.0462	8
		农户之间竞争压力 A_{34}	0.2191	0.0359	12
环境风险 A_4	0.1427	自然环境 A_{41}	0.2317	0.0331	13
		政策环境 A_{42}	0.2724	0.0389	11
		经济发展 A_{43}	0.2017	0.0288	14
		技术发展 A_{44}	0.2942	0.0420	10

从综合权重数值来看，市场需求变化给农户带来的风险影响最大，其次是农产品价格波动和与下游企业合作不确定性，说明农户对市场需求变动带来的影响适应性不足，同时面临的农资价格波动和供应链衔接风险比重也较大。此外，农产品质量安全、农资供应商履约影响以及获取市场信息的能力对农户生产经营的影响也都较大。

3. 农户风险的模糊综合评价

首先，构建农户风险模糊评价集，即农户对风险因素评价结果的集合，一般将农户风险程度划分为低、较低、一般、较高、高五个层次，用 V 表示，分别是 V_1、V_2、V_3、V_4、V_5，计算 V 的值可以判断农户在农产品供应链中的风险大小。

其次，根据调查数据计算模糊隶属矩阵。计算每一个风险指标对应的风险等级 V_t 的隶属度 r_{ijt}，其中，r_{ijt} 为该评价指标处于 V_t 等级的人数占总评价人数的比重。于是可得模糊综合评价隶属矩阵 R_i。对调研数据进行计算得出一级评价指标的隶属矩阵分别为

$$R_1=\begin{bmatrix}0.07 & 0.18 & 0.31 & 0.27 & 0.17\\0.01 & 0.10 & 0.26 & 0.42 & 0.21\\0.09 & 0.18 & 0.37 & 0.19 & 0.17\\0.10 & 0.26 & 0.38 & 0.19 & 0.07\end{bmatrix},\quad R_2=\begin{bmatrix}0.15 & 0.23 & 0.37 & 0.10 & 0.15\\0.09 & 0.09 & 0.20 & 0.32 & 0.30\\0.03 & 0.10 & 0.11 & 0.39 & 0.37\end{bmatrix}$$

$$R_3=\begin{bmatrix}0.10 & 0.25 & 0.38 & 0.17 & 0.10\\0.14 & 0.19 & 0.32 & 0.25 & 0.10\\0.10 & 0.23 & 0.32 & 0.21 & 0.14\\0.14 & 0.13 & 0.37 & 0.17 & 0.19\end{bmatrix},\quad R_4=\begin{bmatrix}0.07 & 0.12 & 0.25 & 0.30 & 0.26\\0.12 & 0.17 & 0.38 & 0.20 & 0.13\\0.10 & 0.19 & 0.35 & 0.27 & 0.09\\0.11 & 0.14 & 0.51 & 0.18 & 0.06\end{bmatrix}$$

再次，用隶属矩阵分别乘以各风险因素的权重即可得到相应风险因素的综合评价结果，如供应风险模糊综合评价结果为

$$V_1=W_1\times R_1=(0.2651,0.2212,0.2434,0.2703)\times\begin{bmatrix}0.07 & 0.18 & 0.31 & 0.27 & 0.17\\0.01 & 0.10 & 0.26 & 0.42 & 0.21\\0.09 & 0.18 & 0.37 & 0.19 & 0.17\\0.10 & 0.26 & 0.38 & 0.19 & 0.07\end{bmatrix}$$

$$=(0.0697,0.1839,0.3325,0.2621,0.1518)$$

同理可得需求风险模糊综合评价结果为

$$V_2=(0.0941,0.1482,0.2376,0.2563,0.2638)$$

组织风险模糊综合评价结果为

$$V_3=(0.1229,0.1969,0.3397,0.2095,0.1310)$$

环境风险模糊综合评价结果为

$$V_4 = (0.1014, 0.1536, 0.3821, 0.2314, 0.1315)$$

进而得到一级风险因素评价指标的隶属度矩阵为

$$R = \begin{bmatrix} 0.0697 & 0.1839 & 0.3325 & 0.2621 & 0.1518 \\ 0.0941 & 0.1482 & 0.2376 & 0.2563 & 0.2638 \\ 0.1229 & 0.1969 & 0.3397 & 0.2095 & 0.1310 \\ 0.1014 & 0.1536 & 0.3821 & 0.2314 & 0.1315 \end{bmatrix}$$

最后，用一级风险因素的权重 W 乘以其隶属度矩阵，从而得出农户综合风险模糊综合评价结果为 $V = (0.0951, 0.1639, 0.2934, 0.2462, 0.2014)$，各数值分别对应的风险程度大小是低、较低、一般、较高、高。说明 9.51%和 16.39%的农户认为农产品供应链风险较低和低，29.34%的农户认为风险一般。但是，有 24.62%和 20.14%的农户认为农产品供应链风险较高和高，说明农户认为农产品供应链经营风险较大，农户作为单独生产个体融入农产品供应链存在较大风险。

三、农产品供应链中农户风险的识别

从农产品供应链发展理论和黑龙江省水稻生产实践出发，对农户在农产品供应链上的风险进行识别。

首先，农户面临较高的生产经营风险。研究发现，需求风险是农户面临的最主要风险，特别是农产品的市场需求变化和农产品价格波动是主要影响因素，因此，需要加强对农产品市场需求信息的掌握和科学预测，以减少市场需求波动带来的损失。同时，与下游企业间的合作也是主要风险来源，说明农户对农产品的进一步加工、销售等环节存在较大的不确定性，使得农产品供应链的下游衔接存在较大的不确定性。虽然实践中已经形成“公司+农户”和“企业+合作社+农户”等促进供应链衔接的组织模式，结合前面对农产品加工企业风险的分析，可以发现这种模式的运作风险依然较大，其主要原因还是各主体之间信息沟通不畅、缺乏信任等造成的合作效率较低。

其次是供应风险，其中农资供应商履约影响是主要因素，说明农户对农资供应不确定性风险较大，这与前面分析的农户谈判能力弱、监督成本高有直接关系。同时，也说明农资物品的质量、价格等信息不透明，农户与农资供应商之间存在信息不对称，使得农户面临农资供应商逆向选择风险和道德风险，因此需要从加强双方之间信息共享、制定合理的利益分配机制等方面来加强对农资供应商的管理。

再次是组织风险，其中农产品质量安全风险较大，说明农户对生产过程的管理控制存在较大不确定性，这与农产品生产周期长、面临的自然条件变化等不确定性较大、自身抵御风险的能力弱有直接关系，因此需要加强农户的组织化程度和管理。

最后，在环境风险中，技术发展风险也有较大影响，在现代信息技术快速发展和应用的背景下，农业生产和农产品供应链发展也受到较大的影响，特别是农产品电子商务模式的发展、移动互联网技术的普及，以及物联网技术的应用等都为农产品供应链降低生产经营风险、提高经营效率提供了很好的技术支持。此外，政策环境风险也有较大影响，我国农业生产受政策影响较大，特别是农户生产组织过程中，政策扶持是主要的途径，因此制定适宜的农产品生产政策也是降低农户生产风险的重要保障。

综合而言，农户在农产品供应链中风险的根源在于对市场需求信息和供应信息的获取能力弱，缺乏对市场信息的快速响应能力。在现代信息技术快速发展的技术背景下，以及国家“互联网+”战略的政策环境下，利用现代信息技术，特别是互联网技术加快农产品供应链发展，促进农产品供应链上信息交流和共享是降低农产品供应链风险的重要途径。

第五章　基于客户信息反馈的农产品供应链集成优化模型

第一节　农产品供应链集成优化的关键影响因素分析

一、农产品供应链运作过程中面临的困境

1. 供需信息不对称

从前面的分析可以看出，需求风险是黑龙江省农产品供应链面临的主要风险，无论是农户、农民专业合作社，还是农产品加工企业，都面临着来自下游客户的需求信息的不确定性，特别是对最终市场需求信息的不确定性。因此，及时获取市场需求信息，包括需求数量、质量、地点等成为农产品供应链高效运作的关键。同时，在农产品生产、加工、储存、运输过程中面临着生产、加工数量、品质等很多的不确定性因素，因此在农产品供应链上下游环节之间存在供需信息不对称的风险，加大了双方衔接的不确定性。

2. 库存协调机制失灵

不同于一般工业品具有较长的保质期，通常可以通过库存等手段来调节市场供求矛盾，农产品一般保质期较短，特别是生鲜农产品的保质期通常只有几天，因此通过库存实现长期协调市场供求矛盾的方法不能适应农产品供应链的市场需求变化，只有通过农产品供应链各环节高效的同步化运作和完善的物流配送网络才能实现农产品供应链的快速市场响应。

二、农产品供应链集成优化的关键因素

1. 信息集成

农产品供应链上信息集成的目的是实现农产品供求信息在各主体间的共享，提高信息传导的透明度，保证农户、农民专业合作社、农产品加工企业能够直接

或实时地获取客户信息，特别是最终消费者的需求信息，这是提升供应链参与主体信任程度、提高农产品供应链市场响应速度、降低供应链中牛鞭效应的关键要素。在信息集成的过程中，还有利于各主体提前、及时发现农产品生产过程中存在的问题，提前制订解决方案，降低农产品供应链的生产运作风险。

2. 农产品供应链主体的同步化运作

农产品供应链主体同步化运作的目的是通过科学的需求预测，共同制订生产计划，合理安排农产品的生产加工能力和生产进度。特别是在农户生产决策制定过程中，与下游加工企业或销售企业通过信息沟通实现同步化的生产安排，有利于降低生产加工成本，实现加工企业的生产能力优化，改善农户和企业之间的合作。

3. 新型商务模式的运用

随着以互联网为代表的现代信息技术的普及，电子商务这种新型商务模式迅速发展，农产品电子商务成为当前农产品发展中的重要组织形式。通过这种商务模式，可以实现计算机信息技术、农业生产技术、农产品加工企业、新型营销模式等资源的整合重组，实现资源利用最大化。同时借助于第三方物流模式，实现农产品物流过程的重构，提高农产品供应链运作效率。此外，借助消费者到企业（customer to business，C2B）的电子商务营销模式可以实现农产品的预订销售模式，实现市场需求信息的集成优化。新型商务模式的应用有利于提高农产品供应链的运作效率，特别是实现农产品供应链下游需求端的信息集成，开拓新市场。

这三个因素之间具有相互影响、相互促进的关系，其中，信息集成是实现供应链同步化运作的基础，是农产品供应链实现集成优化的重要前提，并为实现以电子商务为代表的新型商务模式奠定了基础。反之，农产品供应链主体的同步化运作又能进一步加强合作主体间的信息共享，促进信息集成，电子商务模式的发展也为农产品供应链各方之间实现信息共享和信息集成提供了最佳的平台和载体。综合而言，信息集成是实现农产品供应链集成优化的关键所在。

第二节　基于信息反馈的农产品供应链集成优化分析

一、传统的农产品供应链信息传导机制

传统的农产品供应链中，其信息传导一般是单向的，并且局限于相邻的节点成员，如图 5-1 所示。

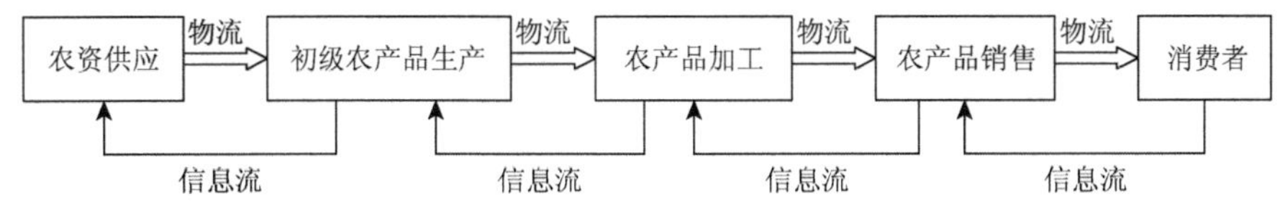

图 5-1　传统的农产品供应链信息传导

从图 5-1 中可以看出，农产品供应链中上游的节点成员一般根据相邻的下游节点成员的需求信息来组织生产和供给，而且下游节点成员还很难获得上游节点成员的生产信息。例如，农户的农产品种植、生产等决策一般根据下游企业的收购合同或超市采购协议来制定，对最终的市场价格、需求量等信息完全不掌握；反之，下游环节对于农户到底种植、生产多少农产品，农产品的品质、数量等信息也掌握不完全，只能在接收农产品时获得，对可能面临的风险无法进行事前预防，因此不能对农产品的生产进行合理的预测和规划，只能进行事后补救，从而导致农产品供应链存在较大的不确定性。

这种信息传导机制导致的后果就是：一方面会产生供应链运作中固有的需求信息放大效应，即牛鞭效应，不合理地放大了市场需求，导致上游生产加工环节的供给增加，最终造成供大于求，出现谷贱伤农的现象；另一方面，缺乏统一有效的信息共享网络平台，农产品供应链中信息传递阻断，农产品在加工、储运、销售等环节中成本过高，市场的监管和安全控制成本增加，导致农产品生产成本过高。

二、基于信息反馈的农产品供应链集成优化框架模型

供应链的信息集成一般包括内部集成和外部集成两个方面，其中内部集成强调在企业内部搭建信息管理系统，实现企业内部的信息共享与协作，属于企业信息化的范畴。外部集成强调企业与企业之间，或组织与组织之间的信息整合，实现组织间的协作运行，以获得供应链的持续竞争优势。结合前面的分析，可以看出农产品供应链的集成优化更加强调的是组织与组织或供应链上成员间的资源整合，其整合的基本方法是在农产品供应链中搭建不同层次的信息共享平台，构建基于客户信息反馈的农产品供应链网络化集成优化模型。

1.农产品供应链集成优化模型构建

农产品供应链集成优化的最有效途径是利用网络信息技术，以信息流为切入点，

构建现代化农产品供应链中枢神经系统，通过供求信息的准确实时流动，加快农产品企业或组织的市场反应速度，提高农产品供应链的运作效率。本书借助电子商务平台建设，构建基于客户信息反馈的农产品供应链集成优化模型，如图 5-2 所示。

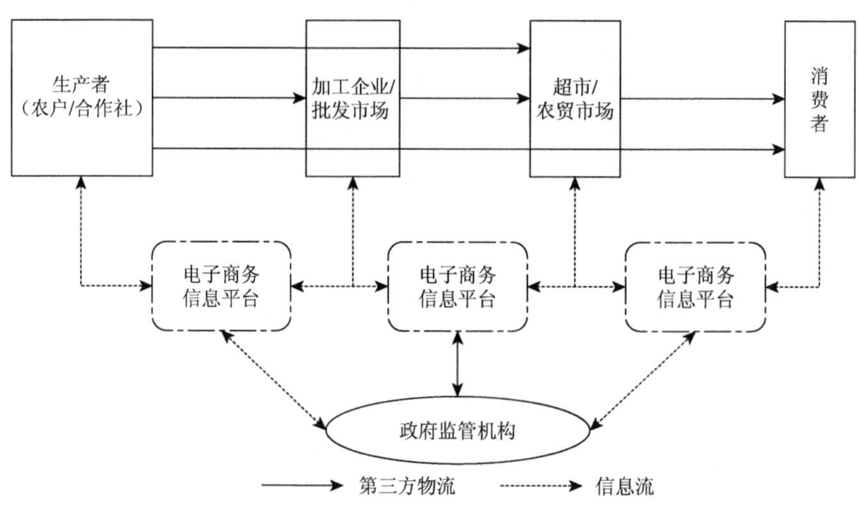

图 5-2　基于客户信息反馈的农产品供应链集成优化模型

该模型将现代网络信息技术与现代物流模式融合，通过网络平台和信息技术将农户、加工企业、批发商、零售商和消费者连接起来，实现对农产品供应链各个环节的实时跟踪，全程管理，达到信息共享、资源整合的目的，可以说是一种基于客户需求信息的、线上线下相结合的农产品供应链流程集成优化模式。通过借助电子商务信息平台、对最终消费者需求信息的获取以及下游客户信息的收集整理，形成从农产品生产、加工、销售、消费再到生产环节的闭环式信息传递路径；通过第三方物流实现农产品的低成本、高效率的流通；通过政府监管机构的监督进一步规范农产品信息交流和物流配送，从而实现农产品供应链的高效运作。

2. 农产品供应链集成优化模型分析

基于客户信息反馈的农产品供应链集成优化模型中的农产品供应链集成优化包括两个阶段，即农产品供应链分散独立的集成优化阶段和农产品供应链各环节协同的集成优化阶段。

第一，农产品供应链分散独立的集成优化阶段，主要是指各环节之间的集成优化，即农产品生产者与加工企业、批发市场之间，加工企业与超市、农贸市场之间，农产品加工企业与消费者之间的局部环节实现信息流、物流的集成优化。该阶段的集成优化涉及的参与主体较少，因而较容易实现。一般由农产品供应链中的核心企业如农业产业化龙头农产品加工企业主导，通过构建农产品电子商务平台实现对消费者需求的满足。例如，在零售环节，黑龙江省北大荒集团建设大农网、好特旗舰店农产品电子商务平台开展农产品的网络销售，并取得了较好的效果。或者是借助专业的综合性电子商务平台实现农户与消费者的需求对接，如在淘宝、天猫、京东等知名电子商务平台开设旗舰店，实现农产品的网络化销售。目前，这种独立—分散—独立的集成优化是当前我国农产品供应链集成优化的主要形式，但是对于黑龙江省的农产品供应链而言，由于缺乏大型的有影响力的核心企业的主导示范效应，该阶段的集成优化效果不是很好，需进一步加强，为下一阶段的集成优化实施奠定基础。

第二，农产品供应链各环节协同的集成优化阶段，即实现农产品供应链中生产、加工、销售等主体间的一体化协调整合，是实现真正意义的完全的农产品供应链集成优化。各环节间的协同优化能够有效克服农产品供应链面临断链的风险，实现各环节间的供求信息共享，实现农产品供应链的无缝化、一体化连接，消除供应链中的牛鞭效应，实现农产品供应链各主体间的同步化运作，是农产品供应链集成优化的高级阶段。这一阶段的实现离不开政府部门的支持：第一，需要实现各电子商务信息平台之间的信息共享，这就要求构建统一的农产品信息数据库，政府对农产品相关信息进行统一管理和监督。例如，构建农产品质量安全追溯系统，将农产品生产的每个环节都纳入监管过程中，当消费者通过电子商务平台进行质量查询时，能够准确地找到生产主体和责任主体。第二，考虑到农产品生产的地域性特征显著，因此可以建立农产品区域电子商务信息平台，实现农产品的本地化、区域化集成优化。例如，黑龙江省农业委员会建立的黑龙江大米网，将黑龙江省的优质大米资源进行整合，通过电子商务平台打造黑龙江省的绿色（有机）食品产业。因为农产品供应链上各环节参与主体的协调能力不同，对农产品供应链的影响力不同，所以农产品供应链各环节协同的集成优化阶段仍是以某个环节为主，尚未拓展到整个供应链条上。

三、农产品市场信息建设中需注意的问题

在基于客户信息的农产品供应链集成优化模型中，市场信息是农产品供应链集成优化的关键，因此在农产品市场信息建设方面需要注意以下几个方面的问题。

首先，明确农产品市场信息管理机构，设置农产品市场信息采集标准。由于农产品种类繁多，相关的市场信息管理部门各有不同，如农业农村部、国家统计局、商务部、各地批发市场、相关行业协会等都有自己的农产品信息系统。各管理部门职能不同，对农产品市场信息的采集标准、评价方法等都不尽相同，各部门之间信息存在重复交叉现象。各自的数据库标准不同，在农产品供应链上还存在信息查询困难，难以实现农产品信息的共享。因此，有必要统一农产品市场信息管理机构，制定统一的农产品市场信息采集标准和存储标准，为实现农产品供应链的信息共享奠定标准基础。

其次，加强农产品信息采样工作，完善农产品信息指标体系。农产品种类繁多，相关的信息数据比较杂乱，一般只能通过典型调研的方式来获取相关信息，导致农产品信息的准确性大打折扣，因此应该加强农产品信息采集的基础工作，通过培训专业信息采集人员等方式，提高信息采集工作者的水平。增加农产品信息采集点，及时更新信息资料，提高采集信息的质量。同时，制定完善的农产品信息指标体系，包括价格、产量、动态储存量等信息，提高农产品信息的有效性。

再次，完善农产品信息加工处理功能，强化其市场预测、预警等功能。获取农产品信息的主要目的就是准确预测市场需求，以便科学合理地安排农产品生产、加工等活动，降低农产品供应链运作过程中的风险。因此，在获取农产品初级信息后，应发挥科研院所的功能，预测农产品市场走势及供求趋势，降低农产品生产盲目性等风险。

最后，加强农产品信息的传递共享。获取农产品信息的目的就是通过更好的信息共享来指导农产品供应链的生产运作，因此通过多种途径将农产品信息发布、共享是必不可少的手段。随着现代通信技术的普及，可以充分利用手机、移动通信网、互联网等方式，借助短信、微信、微博等方式实现农产品信息的广泛快速传播。但同时要加强对农产品信息传播的监督监管，防止虚假信息的散布传播，保护农业生产者的利益。

第三节 基于消费者网购农产品的供应链集成优化分析

农产品电子商务平台作为连接农产品企业和消费者的直接信息平台，一方面为农产品企业提供了更加直接的销售渠道，扩大了农产品市场份额；另一方面也为农产品经营者提供了直接获取消费者信息的机会，通过对消费者网购农产品满意度的调研，可以更加直观地了解农产品供应链集成优化的重点。

一、消费者网购农产品满意度影响因素实证分析

随着互联网在社会各个领域中的快速普及，电子商务也得到了蓬勃发展。第 41 次《中国互联网发展状况统计报告》显示，截至 2017 年 12 月，我国的网民规模达到 7.72 亿，互联网普及率为 55.8%，其中有网络购物经历的用户规模超过了 5.33 亿，占比达到了 69.1%。庞大的互联网用户规模为电子商务的快速发展奠定了坚实的基础，根据商务部电子商务和信息化司测算，2014 年中国电子商务交易额约为 13 万亿元，同比增长了 25%。与此同时，起步较晚的农产品电子商务在继图书、服装、3C 产品（指计算机、通信、消费类电子产品）三大电商热潮后，成为第四轮电商热潮。截至 2014 年，全国各类涉农电商达到 3.1 万家，涉农交易类电商有近 4000 家，农产品电子商务交易额超过 870 亿元。京东、天猫、当当等综合性电子商务平台均将农产品作为重要业务拓展，市场上还涌现出了天天果园、本来生活、顺丰优选等专业的垂直类生鲜农产品电子商务企业，农产品电子商务成为电商发展的新领域。

农产品电子商务涉及的产业链复杂，生产销售过程受季节、地域限制，相对于其他商品而言，农产品电子商务的实际操作难度大，对运营的各个环节要求高，产业链很难全程管控。农产品特别是生鲜农产品具有鲜活性、标准化程度低的特性，这对企业在品质保障、物流配送等方面提出了新的要求，容易引起消费者体验不佳，导致消费者对网购生鲜农产品缺乏信心。同时，农产品电子商务是消费者体验要求最高的领域，消费者满意度直接影响了农产品电子商务的健康、快速发展，如何提升用户体验，提高消费者对农产品电子商务的满意度，是当前我国农产品电子商务发展过程中亟待解决的问题。

二、数据来源与描述分析

1. 量表设计

本书采用问卷调查的方法分析消费者网购农产品满意度的影响因素，设置农产品特性、网站特性、服务质量和消费者满意度四个指标，每个指标又细分为农产品品牌特性、农产品安全特性、网站设计、网站信息、物流服务、售后服务等几方面，以便于进行数据采集和分析。同时对消费者的基本特征以及网购农产品的期望等进行统计，以期更加全面地了解消费者对网购农产品的态度。本书采用

5 级 Likert 量表，1 表示完全不同意，2 表示比较不同意，3 表示一般，4 表示比较同意，5 表示完全同意。

2. 样本收集及描述性统计分析

中国互联网信息中心（China Internet Network Information Center，CNNIC）第 36 次《中国互联网发展状况统计报告》显示，20～40 岁年龄段是我国网民的主体，比例达到 54.6%，综合考虑消费者的接受能力以及调查的配合程度，本书的调查对象主要为对网购有一定经验的年轻网民群体，并通过网络发放调查问卷的方式进行调查。本次调查共收回问卷 256 份，其中手机用户端收回 124 份，计算机用户端收回 132 份，其中有效问卷 252 份，有效率为 98.44%。

本次调查中，月收入水平在 2000～5000 元网民的比例达到 43.25%，与第 36 次《中国互联网发展状况统计报告》中月收入 2000～5000 元的网民占比 43.4%基本相符；在受教育程度方面，具有大学本科及以上学历的比例达到了 92.46%，说明网购农产品的群体受教育程度较高；对网购的喜好程度上，非常喜欢和比较喜欢占比达到了 62.7%，说明网购农产品的群体具有网络购物的偏好和经验；在对网购的信任程度方面，非常信任和比较信任的比例达到了 50.4%，说明网购农产品的人群对于网络购物具有较高的信心。样本的描述性统计如表 5-1 所示。

表 5-1　样本的描述性统计

项目	具体指标	频次	百分比/%
月收入水平	2 000 元以下	85	33.73
	2 000～5 000 元	109	43.25
	5 000～10 000 元	30	11.90
	10 000 元以上	28	11.11
受教育程度	高中及以下	2	0.79
	大专	17	6.75
	大学本科	188	74.60
	硕士及以上	45	17.86
对网购的喜好程度	非常喜欢	66	26.19
	比较喜欢	92	36.51
	一般	78	30.95
	不太喜欢	14	5.56
	很不喜欢	2	0.79

续表

项目	具体指标	频次	百分比/%
对网购的信任程度	非常信任	13	5.16
	比较信任	114	45.24
	一般	101	40.08
	不太信任	22	8.73
	很不信任	2	0.79

注：各项百分比相加的和可能不等于100%，是因为数据进行过舍入修约

在网购农产品的网站选择方面，40.33%的人选择在著名的综合性电子商务平台上购买农产品，说明大型综合性电子商务平台在品牌、信誉以及质量保证等方面更具有优势；28.77%的人选择在淘宝网购买，说明淘宝网在网民中的影响力很大；20.75%的人选择著名的农产品网站，说明专业化、品牌化的农产品网站的影响正在逐渐扩大；选择地方政府主办的网站的比例仅有7.08%，说明政府主导的农产品网站的影响力以及对于网民的品牌渗透力还存在不足。在网购农产品的类型方面，50.47%的人选择网购坚果干货类农产品，说明当前网购的重点仍然是易于保存和配送的部分农产品，对于米面粮油类的大宗农产品以及生鲜农产品的购买比例偏低，也表明了我国当前农产品电子商务发展的难点和重点。对于当前电商企业正在着力发展的生鲜农产品购买意愿方面，71.43%的被调查者愿意尝试购买生鲜农产品，说明未来生鲜农产品具有较大的发展空间和潜力。网购农产品的描述性统计如表5-2所示。

表5-2　网购农产品的描述性统计

项目	具体指标	频次	百分比/%
网购农产品的网站选择	著名的综合性电子商务平台	171	40.33
	著名的农产品网站	88	20.75
	淘宝网	122	28.77
	地方政府主办的网站	30	7.08
	其他	13	3.07
网购农产品的类型	生鲜农产品	67	21.00
	坚果干货类	161	50.47
	米面粮油类	57	17.87
	其他	34	10.66
是否愿意尝试网购生鲜农产品	愿意	180	71.43
	不愿意	72	28.57

三、数据分析

1. 信度分析

信度可以衡量结果的可靠度、一致性与稳定性，Cronbach’s Alpha 系数是衡量信度的一种指标，取值范围为 0～1，信度系数值越大表示信度越高。一般认为，信度系数在 0.9 以上，表示非常可信；信度系数为 0.7～0.9，表示很可信；信度系数为 0.5～0.7，表示可信；信度系数在 0.5 以下，表示不可信。通过 SPSS19.0 软件对问卷变量和问卷整体进行信度分析，得到总体信度 Cronbach’s Alpha 系数为 0.926，表示信度非常好，问卷总体可信。

2. 效度分析

KMO（Kaiser-Meyer-Olkin）球形检验是进行效度分析的有用工具，可以判断数据是否适合进行因子分析，取值范围是 0～1。Kaiser 指出，KMO＞0.9 时，表示极适合进行因子分析；KMO 为 0.6～0.9 时，表示可以进行因子分析。本书采用 SPSS19.0 软件，基于最大方差旋转的主成分分析法的计算结果显示，样本整体的 KMO 值为 0.916，说明本书的数据非常适合做因子分析，Bartlett 检验的 Sig.值为 0.000，说明数据来自正态分布总体，适合进一步分析。对于影响因素和消费者满意度的效度分析显示，KMO 值分别为 0.915 和 0.788，表明影响因素非常适合进行因子分析，消费者满意度比较适合进行因子分析。

3. 影响因素的因子分析

本书采用主成分分析法提取消费者网购农产品满意度影响因素的因子维度，基于特征值大于 1 为标准来抽取公因子，采用最大方差转轴法进行正交旋转，同时按照因子维度归属及因子载荷大小进行排序，为了能够更加清楚地解释各因子的意义，采用旋转成分矩阵来抽取因子载荷。通过 6 次迭代，最终得到包含 4 个公因子 F_1、F_2、F_3、F_4 的消费者网购农产品影响因素量表，如表 5-3 所示。其中，第 1 个公因子 F_1 主要代表网站的物流服务、售后服务以及网站安全服务，即网站服务质量；第 2 个公因子 F_2 主要代表农产品安全特性；第 3 个公因子 F_3 主要代表网站设计水平；第 4 个公因子 F_4 代表农产品品牌特性。4 个公因子一共能够解释 60.685%的信息，较好地解释了原有变量所包含的信息。

表 5-3　影响因素因子分析结果

因子	因子变量	抽取的因子载荷				解释变异量/%	累积的解释变异量/%
		F_1	F_2	F_3	F_4		
网站服务质量	信息保密	**0.807**	0.203	–0.001	0.053	40.747	40.747
	新鲜度	**0.762**	0.327	0.048	–0.051		
	预定时间送达	**0.756**	0.033	0.196	0.263		
	客服	**0.749**	0.205	0.101	0.051		
	退换货	**0.700**	0.152	0.105	–0.032		
	收到包装完好	**0.694**	0.355	0.123	–0.171		
	支付安全	**0.686**	0.084	0.047	0.131		
	实时配送	**0.592**	0.087	0.222	0.364		
	个性化服务	**0.542**	0.492	0.207	–0.070		
	在线咨询	**0.541**	0.068	0.499	0.101		
	信息详细	**0.680**	0.065	0.364	0.248		
	及时更新	**0.645**	0.043	0.409	0.287		
	客户评价	**0.600**	0.139	0.381	0.237		
农产品安全特性	第三方检测	0.127	**0.772**	0.118	0.145	8.021	48.768
	有机、绿色	0.125	**0.699**	0.193	0.133		
	可追溯体系	0.349	**0.471**	–0.061	0.418		
网站设计水平	网站设计	0.026	0.169	**0.765**	–0.036	6.646	55.414
	搜索引擎方便	0.224	0.073	**0.733**	0.017		
农产品品牌特性	选择品牌	–0.024	0.148	0.056	**0.805**	5.271	60.685
	重视原产地	0.284	0.481	–0.074	**0.510**		

注：黑体表示公因子对应的因素

4. 消费者满意度的因子分析

通过对消费者满意因素量表进行因子分析，得出相应的因子维度，共提取一个公因子，能够解释总体方差变异的 63.040%，如表 5-4 所示。

表 5-4　消费者满意度的因子分析

因子	因子变量	抽取的因子载荷	解释变异量/%
消费者满意度	节省时间	0.765	63.040
	节省成本	0.774	
	提高生活质量	0.854	
	继续购买	0.780	

5. 回归分析

本书基础数据均为有序多分类变量，即将各个调查题目的等级编码 1、2、3、4、5 直接作为变量纳入分析，并假设这 5 档的差距是相等的，但这是一种过于简单和理想化的假设，有可能导致错误的分析结论，因此本书采用最佳尺度回归分析方法。最佳尺度回归分析方法是标准回归方法的扩展，它使用整数对分类变量和有序变量进行重新编码，反复迭代直到找到一个最佳回归方程式。使用 SPSS19.0 软件，得回归结果如表 5-5 所示。

表 5-5　最佳尺度回归分析结果

因子	标准系数 Beta	*F*	Sig.	重要性	转换后容差
网站服务质量	0.471	99.207	0.000	0.657	0.996
农产品安全特性	0.240	21.445	0.000	0.175	0.999
网站设计水平	0.127	5.789	0.017	0.046	0.991
农产品品牌特性	0.189	13.107	0.000	0.122	0.990
模型的 *F* 值	—	32.528	0.000	—	—

从回归分析结果可以看出，4 个因子对于消费者满意度都具有正向的显著影响，并且各变量的容差都很大（大于 0.9），说明变量之间没有明显的线性关系，模型稳定；模型的 F 值为 32.528，Sig.值远小于 0.01，说明模型成立的统计学意义非常显著。

从标准系数来看，各个因子对消费者满意度的影响程度不同，其中网站服务质量对消费者满意度的影响最大，为 0.471，说明消费者更多地关注网站所提供的物流服务、售后服务以及安全问题；农产品安全特性以及农产品品牌特性对消费者满意度的影响分别为 0.240 和 0.189，说明消费者在网购农产品时，对与农产品安全相关的可追溯体系，第三方检测，有机、绿色认证以及品牌比较关注；网站设计水平对消费者满意的影响最小，为 0.127，说明电子商务网站在功能设计等方面能够较好地满足消费者的需求。

四、农产品供应链集成优化策略建议

本书从农产品品牌特性、网站服务质量、网站设计水平等方面对消费者网购农产品满意度的影响因素进行实证分析。研究结果显示，物流服务质量、售后服务质量以及网站安全服务对消费者影响最大，农产品质量特性影响也较为明显，并且消费者在网购农产品种类以及选择电子商务网站上也有较大的倾向性。发展农产品电子商务不仅有助于更好地满足消费者的需求，还有助于加快农业产业化进程，提升农产品流通效率。因此，为了进一步促进农产品电子商务发展，加强农产品供应链的集成优化，根据本书的理论分析以及实证检验结果，提出以下建议。

1. 大力发展冷链物流体系，提高物流服务质量

物流服务质量正向影响消费者网购的满意度，表明优质的物流服务质量能够在很大程度上提升消费者的客户体验。与一般商品不同，农产品特别是生鲜农产品对于物流配送的要求非常高，消费者因为担心物流配送过程中的质量变化，所以多选择网购坚果等干货类农产品，但是网购生鲜农产品的意愿仍然很高，必须大力发展冷链物流配送体系，以满足消费者的需求，这就要求农产品从供应链流通的整个环节都必须得到有效的温度控制，以保障农产品能够新鲜、及时地送达消费者手中。但是，冷链物流体系建设是一个复杂庞大的系统工程，这就对农产品电子商务企业提出了更高的要求和挑战，为了保证市场的有效对接，生鲜农产品企业可以采用预售等方式，提前获得订单，以便更加快捷和高效地完成商品的配送，提升消费者的客户体验。

2. 严格控制农产品质量，保证消费者购买信心

农产品特性对消费者网购的影响是积极显著的，表明农产品作为一种特殊的产品，其质量是否安全、来源是否可靠、供应链是否可追溯等会直接影响消费者网购的判断。因为农产品直接涉及消费者的身体健康，消费者会特别关心，但是单从图片和农产品本身很难辨别出农产品的质量，所以农产品电子商务企业要从供应链的整个流程环节来把握，通过建立可追溯体系，开展有机、绿色、原产地等产品认证来控制农产品质量及提升消费者信任度，为消费者提供新鲜、安全、健康的农产品，从而提高消费者满意度。

3. 打造农产品品牌，提高品牌影响力

农产品品牌特性对于消费者满意度具有积极的正向影响。农产品品牌不仅能代表产品的品质，还能承载很多的文化内涵，例如，“褚橙”、“柳桃”和“潘苹果”等品牌都被赋予了某些象征意义，成为网络上有影响力的品牌。因此，农产品电

子商务企业要依托农产品本身特点，挖掘农产品的品牌故事，努力打造农产品品牌，提升品牌知名度和影响力。

4. 提高农产品网站质量，增加用户黏度

网站设计积极地影响消费者网购农产品的满意度，同时，消费者网购农产品更愿意选择著名的综合性电子商务平台以及专业的农产品电子商务平台，相比于小型的电子商务平台，这些电商企业在网站功能、网站易用性、网站内容以及网站安全性等方面更具有优势。因此，改善网站环境，提高网站的综合实力，将会提高消费者的客户体验和满意度。

5. 积极发挥政府的宏观调控和指导作用

农产品作为一种特殊的商品，不仅影响国计民生，还直接关系到公众的身体健康安全，因此政府有关部门应当在法律完善、标准制定、市场监管以及市场准入机制等方面为农产品电子商务的发展创造良好的外部环境，提高消费者网购农产品的信心和对网购农产品质量的信任，培育良好的市场氛围。同时，地方政府应积极挖掘本地农产品特色，通过地方性农产品电子商务网站建设打造本地特色农产品品牌，以引导和促进农产品电子商务快速健康发展。

第六章　国外农产品供应链集成优化的经验启示

美国、日本和荷兰等发达国家的农业产业化经营起步较早，经过长期发展，已经逐步进入成熟的产业发展阶段。分析国外发达国家发展经验，对我国农业产业化经营，促进农产品供应链集成优化具有重要的现实意义。

第一节　美国农产品供应链集成优化经验

一、美国农业生产的基本状况

美国拥有丰富的农业生产资源，国土面积为 937 万 km^2，其中耕地面积达到 28 亿亩，占世界耕地总面积的 13%，并且 70%以上的耕地都是大面积连片方式集中分布于平原和内陆地区（2017 年数据）。土地的有机质含量高，特别适宜农作物生长。得天独厚的土地资源为美国成为全球农业最发达的国家提供了必要的物质基础。

美国在世界农业生产领域都占据了主导地位。其中农作物生产中，美国的粮食产量约占世界总产量的 1/5，是世界上第一大农作物产品出口国（2017 年数据）。特别是小麦、玉米、大豆、棉花等的出口量一直高居世界前列。同时在畜牧业生产、林产品生产等方面也位于世界前列。

美国人口只有 3 亿多，其中从事农业生产的人口的比例不到 2%，取得如此瞩目的农业生产成就，与美国的农业产业化经营、农产品供应链的不断集成优化分不开。

二、美国农产品供应链集成优化特点

1. 农业生产的规模化经营

美国依据其农产品生产自然条件形成了东北部的牧草乳牛带、中北部的玉米生产带、大平原小麦生产带和南部的棉花生产带。这种基于气候、土壤、水源等

资源而形成的农业生产集聚区能最大限度地发挥自然条件的优势，形成农产品生产的规模效应。同时，有利于农业大规模机械化、标准化、专业化的推广和应用，直接提高了美国农产品的生产效率。

2. 农业高科技的应用

农业科技始终贯穿美国农业发展的整个过程。美国共有四大农业研究中心，一百多所农学院及数千个农业合作推广机构和上万的农技推广人员。除此之外，高度机械化的农业生产节约了人力成本，极大地提高了美国农业生产效率。世界领先的农业生物技术不仅大幅提高农产品产量，还在抗病虫害、育种等方面给美国带来巨大的经济效益。农业计算机网络系统 AGNET 是世界上迄今为止最大的农业信息系统，覆盖了美国 46 个州、加拿大 6 个省和除美国和加拿大之外的 7 个国家，成为重要的农业信息支持系统。专业的农业信息网站、农业遥感技术等的应用进一步提高了美国农业生产的信息化程度，加强了农产品供应链上各个环节之间的信息共享，进一步实现了农产品供应链的集成优化。

3. 一体化的产业组织形式

美国是世界农业产业化最发达的国家，其农业产业化体系十分成熟，在产业化的过程中逐渐形成了纵向一体化、横向一体化和综合化经营模式。其中，纵向一体化是由一个企业完成农产品的生产、加工、销售的全过程。例如，世界上最大的蔬菜罐头公司德尔蒙特公司，经营 80 万亩的土地，拥有 38 家农牧场、54 家加工厂、10 个配送中心和 24 家餐馆，形成了农产品从生产到加工再到销售的全产业链的一体化经营。横向一体化是在农产品的生产、加工、销售各环节分别发展壮大。例如，宾夕法尼亚的潘非尔德公司，以合同形式联合 98 家养殖场，从事肉鸡和蛋鸡的养殖，企业为其提供种鸡、饲料、药剂等物资，并负责收购肉鸡和鸡蛋，进行加工销售。综合化经营模式类似于合同制经济联合体，农场通过合同在产前、产中和产后与有关企业签订物资供应、服务和销售等合作协议，将农场与有关企业联系在一起，形成经济联合体，这种模式在美国占主导地位，实质是合同经营。这种联合经营形式一般由工商企业与农场主签订协作合同，形成供销联合整体，这种形式多分布在养殖、牛奶、果蔬等部门，与这些产品需要及时分割、加工、冷藏和销售有直接关系。美国有 60%的蔬菜农场都通过某种协议与下游企业建立联系，30%的果木农场实行合同制经营。这种组织模式有利于农产品供应链的生产、加工、销售等环节之间实现高度协调，降低农产品供应链的运行成本和经营风险。

4. 大型农产品加工销售企业的主导

美国有全球影响力的大型农产品加工、销售企业，其中全球四大粮商中美国占 3 家，即 ADM、邦吉、嘉吉，在粮食加工、储运和贸易中据全球前三，分别在大豆压榨、玉米加工、饲料加工等领域具有价格主导权。在全球十大食品加工企业中，美国拥有包括卡夫和泰森等 6 家佼佼者。同时拥有包括沃尔玛在内的全球十大零售商中的 5 家。这些大型农产品加工、销售企业在技术研发、资金支持、市场影响及信息获取等方面具有绝对优势，对于农产品的深精加工、提高农产品附加值、加强农产品供应链的集成优化等方面起到了非常重要的主导作用，直接推动了美国家庭农场和农业产业化的经营和发展。

美国农业发展具有丰富的土地资源，并且农业从业人口数量较少，因此其在农业产业化经营、农产品供应链集成优化过程中表现出了规模化、机械化、信息化的特点，一方面适应了美国农业发展国情，另一方面大大提升了农产品的生产效率。同时，美国资本市场发达，工业体系完善，高科技产业发展迅速，因此在农产品供应链集成优化过程中，大型跨国农产品企业发挥了重要的主导作用，不仅扩大了农产品加工、销售的规模和范围，而且利用自身的技术优势，大幅提高了农产品的附加值，提高了农产品供应链的整体效益。

第二节　日本农产品供应链集成优化经验

一、日本农业生产的基本状况

日本是典型的人多地少的国家。日本的土地资源贫乏，国土面积的 80%是山地和丘陵，耕地面积仅占世界耕地总面积的 0.4%，且呈散碎化分布，主要是火山灰形成的黑土、泥炭土及泛碱土，土壤贫瘠。截至 2017 年，日本有 1.268 亿左右的人口，占世界总人口的 1.73%左右，随着人口老龄化的加剧，以及劳动力转移的影响，农业从业人口持续减少，出现农业兼业化趋势。土地资源贫瘠，人均耕地少的状况形成了日本小农经济的背景，但是在此背景下，日本农业却走出了一条集约化发展的精致农业的经营之路。

二、日本农产品供应链集成优化特点

1. 农产品生产的专业化分工

日本农产品生产的专业化分工十分明确，一个地区有一个地区的特色农产品，农户的专业化生产格局更加明显。一般来说，日本农户都是农产品专业户，一般农户全年只生产2～3个品种，如专门种植草莓或番茄等农产品，并且农产品的商品率极高，几乎都进行市场销售，农户所需的其他农产品或生活用品都从市场上购买，这样既扩大了农产品的生产规模，获得规模效应，又促进了农户之间的合作交流。同时，日本农业生产的机械化水平较高，每个农户都拥有所需的农机具，并且拥有完善的土地配套设施，加强了农产品的集约化生产。

日本农户根据当地自然资源选择适宜的农产品实现专业化规模的生产，形成了以葡萄、桃子为代表的山梨县水果生产基地、青森县苹果种植基地、富田农场花卉基地、枥木县草莓生产基地等专业化、特色化的农产品生产区域。此外，通过精细化的管理，日本的农产品生产还延伸到了观光农业、旅游农业等附加值更高的农产品产业链，达到了精致农业生产的效果。

2. 日本农协的多层次组织化体系

农协是日本重要的农业生产组织，自上而下分为三个层次，为农业生产提供全方位的服务。最基层的是市町村农协，称为单位农协；都道府县建立地方农协，称为县联；还有全国性的农协，根据具体业务不同有不同机构。其中与农户接触最多的是单位农协，其主要从事生产指导、组织流通、信用服务和互助救济等工作。

日本农协在农产品生产、销售等环节中发挥着重要的作用。在生产资料订购方面，基层农协将农户需求汇总上报，由全国性农协批量订货，并建立农技中心进行物资质量检验。在农产品生产过程中，农协设有"营农指导机构"，帮助农户推广新品种、新技术，建立育苗基地、孵化厂、冷藏库等基础设施，帮助农户解决农产品生产中遇到的问题。在农产品销售环节，基层农协建立农贸市场，组织农产品的上市销售，并且下设庞大的运输组织，保证农产品的物流运输。特别是针对生鲜农产品的日本生协具有消费者协会和零售商双重身份，以生鲜农产品和加工食品的销售为主，在采购环节采用产直购进模式，在销售环节开展宅配业务，这种“产直购进—宅配销售的新型供应链结构”不仅使生协掌握了采购的主动权，还利用会员制组织消费者参与农业体验，有效促进了产销双方的沟通，增加了生产者与消费者之间的信任。由于农协组织的作用，日本农业才进入了集约化、规模化生产的现代农业阶段。

不同于美国大规模农场化的农产品生产模式，日本农业走出了一条集约化、小规模经营的精致农业发展道路。在这一过程中，专业化的农产品生产和精细化的农产品管理是其重要特色。其中，基层、地方、国家三层的农协组织体系为日本农产品供应链的低成本、高效运作提供了必不可少的组织保障。农协从农业基础设施建设、生产资料采购、农产品生产管理到农产品的市场销售提供一体化农产品供应链服务，成为日本现代农业发展的重要保障。

第三节 荷兰农产品供应链集成优化经验

一、荷兰农业生产的基本状况

荷兰位于欧洲西北部，国土面积约 4.15 万 km^2，人口 1720 多万（2017 年），是世界上人口密度最大的国家之一，是典型的人多地少的国家。荷兰有 58%的土地用于农业，其中耕地占 23.6%，草场占 31%。荷兰根据本国国情特点，制定适宜的农业发展道路，成为世界上重要的农产品出口国。荷兰中央统计局的数据显示，2017 年荷兰农产品出口额达 917 亿欧元，占出口总额的 20%，是全球第二大农产品出口国（数据来源于中华人民共和国外交部）。其中花卉植物、肉类、奶制品、蔬菜等是出口的主要农产品，荷兰是世界上最大的花卉生产和出口国。荷兰拥有先进的农业生产技术，设施农业是其主要的生产特点，其中温室产业是荷兰最具特色的农业产业，其温室建筑面积占全世界温室面积的 1/4。

荷兰在农业生产资源有限的情况下创造出农业奇迹，与其农产品供应链的不断集成优化密不可分。

二、荷兰农产品供应链集成优化特点

1. 农产品生产的高度专业化

荷兰土地资源稀缺，光照时间不足，因此投入大量资金发展温室技术，建立起一流的设施农业系统。2017 年荷兰的温室面积达 1.1 万 hm^2，占世界温室总面积的 1/4。大幅提高了农产品的生产效率。在建设专业农业设施的同时，荷兰大力发展花卉、蔬菜产业，特别是鲜花出口量占全球市场的 60%，成为荷兰的核心产业。25 万人的农业从业人口中，有 9 万人左右从事花卉生产和销售，2007 年有花卉园艺农场 9035 个，占种植业农场总数的比例超过 1/3。这种专业化的生产方式有利于采用专业的机械设施装备，在育种、育苗、生产、交易等环节实现科学分工和高效联动，实现标准化的管理，降低生产成本，提高生产效率和农产品品质。荷兰高品质的农产品在国际市场具有极强的竞争优势，具有较强的抵抗市场风险的能力。

2. 农场规模化

家庭农场是荷兰农业生产的重要经营主体，根据其农产品生产范围，家庭农场一般包括专业型（specialist）家庭农场和混合型（mixed）家庭农场，2017 年，荷兰专业型家庭农场比例超过 90%。为了实现规模效益，荷兰农场通过并购、租赁等形式，扩大农场规模。从 1995 年至 2014 年，荷兰农场数量下降了 42%，从 11.3 万家下降至 6.5 万家，农业人口下降了 22%，但是平均农场规模增加了 62%，2017 年农场数量再次下降至 5.5 万家，但是，平均每家农场土地面积从 $5.7hm^2$ 增至 $32.4hm^2$（数据来源于中华人民共和国商务部）。大型农场数量从 2000 年的 7700 家增加到 2012 年的 8700 家，大型农场数量占比超过 13%，其产值占比高达 65%。这种大规模的农场非常适合机械化生产和现代化管理，为荷兰的农业生产带来巨大的规模经济效益。

3. 农业生产的高度组织化

荷兰在农业生产过程中创造了一套独特的生产和流通模式，荷兰农业专家将其总结为“生产者—合作社—拍卖行—批发商—消费者”，其中合作社是关键。荷兰农业合作社类型较多，一般包括信用合作社、供应合作社、加工合作社、销售合作社和服务合作社。为了提高农产品定价权和市场竞争力，荷兰农场纷纷加入合作社，2010 年在糖与淀粉土豆领域，合作社的市场占有率达到 100%，花卉和蔬菜领域合作社市场占有率都达到 95%。由农产品生产者、工商业委员会成立的农业协会（农协）是政府与农业企业合作的重要形式，提供技术推广、信贷服务、检测服务和市场信息等全程服务。荷兰的农协都有完善的组织机构和市场规范能力以及为农产品供应链提供全程服务的机制。

同时，规范有序的市场经营体系为荷兰农产品的市场销售提供了必要的市场保障。比较集中的有花卉拍卖市场、蔬菜拍卖市场。1968 年成立的阿斯米尔联合花卉拍卖市场是世界最大的花卉拍卖行，对进入拍卖市场的花卉植物都要进行严格的质量检查，并将其送入冷藏库等待拍卖，拍卖中心设有植物检疫站和海关，80%的产品以最快的速度空运到世界各地。高效的物流配送体系极大地保证了花卉植物的品质，缩短了生产者与消费者的距离。

高科技农业设施的应用在荷兰农产品生产中发挥着重要的作用，特别是温室技术的使用克服了荷兰在自然气候资源上的劣势，为荷兰农产品实现专业化、规模化生产奠定了物质基础。同时农产品供应链各环节的高度组织化为荷兰农产品供应链高效运作奠定了组织基础。家庭农场的规模化、专业化生产使其成为荷兰农产品的重要经营主体，同时健全的土地制度为农场实现规模化经营提供了制度保障。专业合作社组织是荷兰农产品供应链集成优化的重要组织保障。此外，规范的市场营销体系、完善的社会化服务都为荷兰农产品供应链的高效运作提供了基础。

第四节　国外经验对我国的启示

无论是拥有丰富土地等自然资源的美国还是人多地少土地资源匮乏的日本和荷兰，都走出了一条具有本国特色的农业产业化发展道路，在其发展过程中，可以看到有共同的经验可供我国学习和借鉴。

一、农产品生产的专业化、规模化

在农产品生产环节，美国、日本和荷兰都选择了适合本国国情的农产品的专业化、规模化生产，其中美国利用其丰富的土地资源大力发展大豆、玉米、小麦、棉花等大宗农产品的生产；日本依靠其山地、丘陵资源优势发挥集约化优势，从事水稻、水果、蔬菜的精细化生产；荷兰发挥设施农业优势，从事花卉植物、蔬菜、乳制品的生产。专业化、规模化的农产品生产不仅有利于机械化、自动化的运作，还能够增加市场定价权和谈判能力，从而降低农产品生产成本，实现规模效益。

二、农产品供应链的多样化组织模式

从农产品的生产、加工和销售各环节来看，美国、日本、荷兰三国都具有较

高的组织化程度。第一，在农产品生产环节一般都以家庭农场为经营主体，通过扩大农场经营规模有利于从育种、育苗、农资采购等方面加强对农产品生产的管理。第二，都有类似于专业合作社的中介组织。美国以合同为纽带形成联合经营体，日本以政府主导的农协组织、荷兰的专业合作社都以中介服务的模式将相对分散的农产品生产主体组织起来，加强了农产品生产的规范化、科学化管理。通过合同订单的方式，降低了下游环节衔接的不确定性，同时，高效的组织化运作降低了农产品供应链的运作成本，提高了农产品的市场竞争力。

三、完善的农产品市场体系

完善的农产品市场体系为更好地实现农产品价值提供了有力的市场保证。美国的跨国农产品加工企业自身就有完善的市场营销体系，凭借其完备的营销渠道，很容易使其农产品进入全球市场，并具备较强的市场竞争力。日本的产直购进、宅配销售模式充分利用其发达的物流配送体系，实现了农产品的高效流通，同时大力发展观光农业、旅游农业等具有高附加值的环节，延伸了农产品供应链。荷兰发达的拍卖市场体系，极大地提高了农产品交易效率和流通效率，并且有利于农产品供应链上的利润分配的公开、公平，为荷兰农产品的出口提供了良好的市场条件。

除此之外，高新技术的应用在美国、日本、荷兰的农产品生产经营过程中同样发挥着重要的作用，特别是对于土地资源匮乏的日本和荷兰而言，高科技的应用不但能够提高农产品的产量，而且能够提高农产品供应链的运作效率，从而在一定程度上减少农产品在流通过程中的损失，提升农产品供应链运作效率。综合而言，发达国家农产品供应链集成优化的经验为我国发展现代农业、建设高效的农产品供应链提供了有益的参考和借鉴。

第七章　农产品供应链集成优化的路径分析

第一节　我国传统的农产品供应链集成优化模式分析

我国国土面积约为 960 万 km^2，但是，山地、高原和丘陵约占 67%，截至 2017 年末，耕地面积为 20.243 亿亩，人口 13.9 亿，人均耕地面积少（数据来源于自然资源部）。我国的土地资源类型多，地区分布不平衡，耕地多集中于东部平原，气候等自然环境复杂，导致我国的农产品生产极为复杂。同时，我国的家庭联产承包土地制度也进一步导致我国土地资源呈现零散化分布的特征，直接影响了农业生产的机械化、自动化的推广。为了提高农产品生产的规模化、专业化及集约化生产，我国农产品供应链也尝试从不同角度进行整合，以实现供应链的集成优化。

一、农产品供应链集成优化的主要层面

一般来说，农产品供应链的集成优化主要从横向和纵向来实现，其中横向集成主要表现在农产品供应链某个环节的规模扩大带来的规模效应，纵向集成优化更多地表现为供应链各环节间的联系加强，合作更加高效。当前我国农产品供应链的集成优化也是从这两方面进行的。其中横向集成优化中主要是发展壮大农产品生产环节，通过借鉴国外农业生产经验，大力发展农民专业合作社，有条件的地方发展家庭农场，扩大农产品生产的规模和提高农业生产组织化水平。在农产品加工环节，大力扶持和发展农业产业化龙头企业，发挥其核心企业的带头主导作用。农产品供应链的纵向集成优化关系到农产品生产销售的衔接和流通效率的提升，是农产品供应链集成优化的重点。

二、农产品供应链现有的集成优化模式

农产品流通过程中经常表现出流通成本过高，供需不平衡导致农产品价格剧烈波动等现象，说明农产品供应链存在断裂的问题，表明农产品供应链纵向

集成的不足。我国农产品供应链经过多年的发展，其集成优化的模式主要包括以下几种。

1. *以农产品经纪人为纽带的农产品供应链集成优化模式*

分散的小农生产模式导致我国农产品的市场销售存在效率低的问题，农产品经纪人应运而生，他们集中众多农户的产品在经销商之间传递农产品品种、数量、价格等市场信息，与农户的自产自销相比，实现了初级农产品流通的范围经济和规模经济，有效地缓解了我国农产品生产分散所带来的流通成本高的问题，节约了大量交易费用，是广泛存在的农产品销售集成模式。这种模式是市场自发的交易行为，受限于经纪人的资金、人员等条件，一般规模较小，范围局限于某一个较小的地区，其集成优化的影响力仅限于零散农产品的销售环节。

2. *以专业合作社、行业协会为代表的中介型农产品供应链集成优化模式*

近年来，以农民专业合作社、行业协会为代表的中介型农产品供应链集成优化模式快速发展，其集成优化包括两个方面：一方面是在合作社、协会内部的集成优化，主要是农户之间通过互助合作实现农产品生产规模的扩大，获得生产的规模效应，实现生产的集成；统一进行农产品的研发，农资采购，生产技术指导，获得服务的集成优化。另一方面是与下游的农产品加工、销售环节合作，实现农产品的销售集成优化。这种模式有利于降低农产品的生产管理成本，实现生产环节的规模经济，降低生产环节风险。但是农户数量多也会造成合作社内部管理成本增加，同时合作社管理的松散性、组织能力弱等问题，也导致其信息处理能力弱、应对市场需求反应慢等问题，不能在农产品供应链上发挥主导作用。因此，加强合作社等中介组织的科学管理十分必要。

3. *以批发市场为平台的农产品供应链集成优化模式*

批发市场是缓解我国农产品小生产大市场矛盾的有效途径，是我国当前农产品流通的主要模式。实践中批发市场根据其所处的区域不同和规模不同，还可以分为一级批发市场、二级批发市场等不同层次，从而构成了复杂的农产品流通体系。批发市场作为农产品的集散地，能够实现农产品供求的规模效应，以及农产品的数量、品种、价格等信息集成效应，是反映农产品市场信息的重要场所。但是，批发市场仅仅是提供农产品流通的场地和市场运营监管，并不是真正的农产品供应链运营主体，面对大量的农产品供求主体，很难进行真正意义上的管理，因此批发市场普遍存在管理混乱的问题，供求主体之间仅仅是临时的交易关系，合作意识淡薄，因利益冲突导致的逆向选择、道德风险等问题较多。因此，有必要对传统农产品批发市场进行企业化改造，发挥其农产品供应链信息、物流集成优化的主导作用。

4. 以大型农产品加工企业为核心的农产品供应链集成优化模式

农产品加工企业特别是农业产业化龙头企业在农产品生产管理、农产品加工技术，以及农产品市场营销等方面都具有较强的优势，可以节约农产品采购环节的交易成本，实现加工环节的规模效应及市场营销的品牌效应，有效降低农产品供应链各环节间的不确定性风险，是农产品供应链集成优化的重要途径和趋势。在实践中，为了保证农产品供应链的有效衔接，降低交易风险和交易成本，演化出了“企业+农户”、“企业+合作社+农户”和“生产基地+企业+超市”等多种农产品供应链合作组织模式，其中加工企业都发挥核心主导作用。这种模式能够有效地实现农产品供应链上各环节之间的合作，是农产品供应链集成优化的未来发展趋势，但是由于上游农户生产比较分散，农产品加工企业与其合作过程中面临的不确定性风险较大，特别是对农产品生产环节信息掌握较少。同时，由于农产品消费的分散性，农产品加工企业对下游销售渠道的控制能力较弱，市场终端的影响力较小，因此加工企业对农产品供应链的整体集成优化能力不足。

5. 以连锁超市为核心的农产品供应链终端集成优化模式

连锁超市数量多，规模大，品牌影响力大，已经成为农产品零售终端的重要组成部分。连锁超市直接与消费者接触，能够及时准确地获得消费需求信息，通过采购环节做出及时反应，是典型的需求拉动型供应链。对于农产品这种日常消费品而言，其对整个供应链的集成优化的控制力最强。连锁超市可以成为连接农产品生产者（农户和农产品加工企业）和最终消费者的桥梁，有效缩短农产品供应链的流通环节，实现农产品供应链的高效运作。实践中，商务部大力推行“农超对接”模式，就是为了充分发挥连锁超市的带动作用。这种模式节约了大量的交易成本，但是由于连锁超市具有很强的终端控制能力，上游的供应商处于明显弱势，供求双方地位不对等造成双方信息不对称，存在较严重的逆向选择和道德风险，农产品供应链各环节间难以形成长期的合作关系。

6. 现有农产品供应链集成优化模式的不足

通过上述分析可以看出，我国现有的农产品供应链集成优化模式多是阶段性的集成优化，即集中于生产环节、加工环节或销售环节。与国外发达国家农产品供应链集成优化相比，主要的不足表现在如下几个方面。

1）各环节主体组织化程度低，管理能力不足

组织化程度低是我国农产品供应链主体的显著特征。我国的农户生产一般规模较小，难以实现规模化生产。成立的农民专业合作社与国外的合作社相比，仍处于初级阶段，自身的管理松散，没有形成规范化、制度化、企业化的管理模式，因此在农产品生产组织等方面存在散、乱的现象，导致其合作周期短，缺乏可持续发展动力。农产品加工企业生产规模和市场影响力较小，没有具有国际影响力的大型农产品加工企业，对农产品市场控制和影响力不足。农产品批发市场，除一些规模较大、运作规范的大型批发商外，大多数中小型农产品批发商的组织化程度较低，经营效率低下。农产品供应链主体自身组织化程度低导致其对供应链上其他参与主体的协调领导能力弱，难以实现对其他参与主体的整合优化。

2）农产品供应链的核心主体作用不明显

成熟的供应链一般都是围绕一个核心企业而展开的，其中核心企业对整条供应链起主导和引领作用。这就要求核心企业必须具备强大的市场影响力和号召力。实践中，由于农产品供应链各环节主体的规模小、组织化程度低等，我国建立的以合作社为核心、以批发市场为核心、以加工企业为核心和以连锁超市为核心的农产品供应链中，核心主体的衔接引领作用都没有显著体现出来，农产品生产的集约化、机械化、自动化应用受到影响，核心主体对农产品供应链集成优化的主导作用没有发挥出来。

3）农产品供应链运行成本高，增值效果不明显

农产品流通环节复杂，造成其信息成本、交易成本和物流成本偏高，导致农产品供应链各环节的增值效果不明显。我国农产品供应链参与主体复杂，发展不平衡，导致不同节点主体获取信息、处理信息和运用信息的能力存在较大差距。同时，农产品供应链各节点企业为了自身利益很难实现信息共享，导致农产品供应链各节点之间尚未建立信息平台，各环节主体很难实现对整个供应链信息的协调、管理，各主体获取的信息不完全、滞后甚至失真等现象经常发生，导致农产品供应链上信息成本必然升高。

另外，供应链各环节主体在合作的过程中，谈判成本、签订合同成本及合同履行成本等由于各主体间地位不平等，往往会偏高，特别是履约成本以及违约成本偏高。同时，为了保证合同的顺利履行，加工企业、超市等主体还要制定各种农产品交易标准，如质量标准、农药残留标准等，以及生产过程中的监督、培训费用等都进一步增加了农产品供应链上的交易成本。此外，农产品供应链主体规模小，组织化程度低，造成农产品物流环节散、乱，缺乏规模效应。同时，社会化物流体系不健全，物流设施、物流技术落后，造成农产品物流专业化程度低、物流运营效率低、农产品损耗大等问题，都使得物流成本居高不下。

第二节　价值链视角的农产品供应链集成优化路径分析

一、国内外农产品供应链集成优化研究现状

国外关于农产品供应链的研究主要涉及食品供应链、生鲜供应链、冷链物流及农产品跨国供应链等领域，其中关于农产品供应链协调的研究日益增多，从农产品供应链环节的相关性分析，通过共同决策、信息共享、签订契约等协调机制，达到满足消费者需求、提高农产品供应链绩效的目的（Handayati et al.，2015）。同时，在农产品供应链研究中逐渐结合了射频识别（radio frequency identification，RFID）、物联网等技术和理论，通过利用高新技术进一步加强农产品供应链的集成优化（Costa et al.，2013；Pang et al.，2015）。整体而言，国外关于农产品供应链集成优化的研究主要针对农产品供应链内不同功能间的优化。例如，Omar 等（2011）研究了农产品生产与销售间的整合，Shukla 等（2013）关注需求预测、农产品生产计划、库存管理等具体的经营环节，没有扩展到对整个农产品供应链的研究。

国内学者关于农产品供应链的研究始于 20 世纪 90 年代（王圣广等，1999），此后相关学者从农产品供应链内涵、运作模式、组织模式、信息管理等方面展开研究，并形成了一系列研究成果。因为农产品供应链存在交易环节复杂、交易成本高、物流盲目无序、信息流断裂等问题（刘助忠等，2015），所以关于农产品供应链集成优化和整合的研究成为近年来研究的重点。相关研究主要集中于以下几个方面：

第一，从组织模式角度进行的集成优化。这方面的研究较多，例如，谭涛等

（2004）提出以农产品加工企业和物流中心为核心优化农产品供应链组织。邓俊淼等（2006）提出以批发市场和超市为核心整合鲜活农产品供应链。颜佳玲（2014）提出基于农民专业合作社优化生鲜农产品供应链。刘兵等（2013）认为农超对接是生鲜农产品供应链整合的可行方案。赵晓飞（2012）提出从农户组织化、农业产业化龙头企业规模化、农产品经营公司化以及经销商品牌化等方面整合优化农产品供应链组织体系。刘助忠等（2015）分析了现有的以加工企业和批发市场为主的农产品供应链流程，提出了O2O型农产品供应链流程的集成优化模式。纪良纲等（2015）认为以第三方物流企业为核心主体、以企业化批发市场为核心主体和垂直一体化方式是农产品供应链整合优化的方向。

第二，借助现代信息技术整合优化农产品供应链。易法敏（2006）提出借助电子商务平台实现农产品供应链的网络集成。赵晓飞（2012）提出借助信息中介、虚拟化渠道模式和开展电子商务等形式实现农产品供应链的信息化渠道管理体系。刘助忠等（2015）提出基于电子商务的农产品供应链服务集成商主导的集成化农产品供应链模式。

第三，从物流角度优化整合农产品供应链。黄祖辉等（2005）认为农产品物流制度创新能够节省交易成本，优化农产品供应链。顾淑红等（2016）提出供应链一体化下农产品物流整合模式化。此外，还有学者从共享资源视域、系统协同视角、农户和消费者利益等角度研究农产品供应链的集成优化（刘振滨等，2015；刘兵等，2013；黄祖辉等，2005）。

整体而言，关于农产品供应链集成优化的研究多集中于农产品供应链的某个环节，特别是流通环节，对于生产环节和营销环节关注较少；同时，研究视角多关注微观的组织操作层面，对组织间的协调合作研究较少。农产品供应链集成优化的目的是在满足消费者需求的同时提升农产品供应链的整体价值，因此有必要从价值链角度对农产品供应链进行深入研究。本书深入分析农产品供应链的价值分布和增值环节，构建农产品供应链集成优化一般框架，从而进一步探讨农产品供应链集成优化策略。

二、农产品供应链的价值环节分析

农产品的生产经营由众多的价值环节构成，并且不是每个环节都能创造出等量的价值，只有某些特定的环节才能创造出高附加值产品。现代农业的发展模式已经从原来的“数量供给型”向“价值增值型”转变，因此只有进行价值链分析，找到农产品供应链的价值增值环节，才能更好地找到加快现代农业发展的切入点，促进农业产业化经营不断深化。

1. 农产品供应链的价值环节构成

根据农产品的生产消费过程，农产品供应链划分为产前、产中和产后三个阶段，具体可以细分为规划、技术研发、种植、加工、营销等活动（卜梅兰，2011），根据不同的价值分布，这些环节构成U形价值链曲线，如图7-1所示。由图7-1可以看出，规划和营销位于价值链的两端，属于高附加值的环节；技术研发紧随规划，也属于高附加值的环节；加工环节次之，附加值较少；种植环节位于最底端，附加值最少。

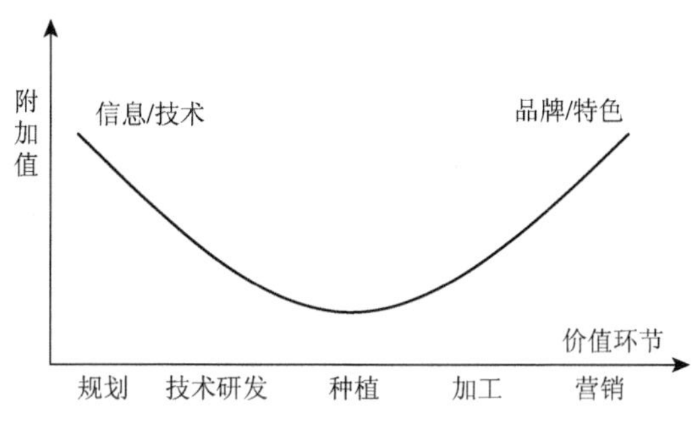

图7-1　农产品供应链价值环节构成

2. 农产品供应链的价值增值环节分析

第一，在农产品产前阶段，农业生产的季节性，使其无法在一个生产周期之中通过种植控制等手段达到扩大或减少农产品生产规模的目的，在信息不充分、传递效率低的条件下，根据当期行情安排下期生产的品种和数量将面临很大的风险（孙炜等，2004），因此，农产品供应链的规划环节至关重要，直接关系到农产品未来的市场供给，因此具有高附加值。同时，现代农业生产可以借助高科技育种、科学施肥、灌溉等生产管理措施大幅度提升农产品质量和数量，因此技术研发在农产品生产环节中也发挥着越来越重要的作用，因而也具有较高的价值增值空间。与此同时，在农产品种植过程中，由于受温度、降水、气候等自然条件影响，农产品的基本价值较难有很大的增长空间，其价值增值空间相对较小。

第二，初级农产品一般价格较低，很难带来较大的价值增长，通过深加工可以形成农产品系列，满足消费者的不同需求，因此，加工环节越来越成为农产品增值的重要环节。同时，开展农产品的产品运营、打造农产品品牌、拓宽销售渠道、降低物流成本等营销措施是提高农产品竞争力的重要手段，因此营销环节也具有较大的增值潜力。

综合而言，从价值环节分析来看，农产品供应链的集成优化重点应该集中于附加值较高的规划、技术研发、加工和营销等环节，特别是技术研发和营销环节。从农产品发展趋势来看，应该通过技术研发和品牌培育等方式来提升农产品附加值。

三、价值增值视角的农产品供应链集成优化框架模型

农产品供应链集成优化的目的是实现供应链价值利益最大化，因此本书结合农产品价值环节分析，从价值增值角度构建产品管理、需求管理和流通管理三位一体的农产品供应链集成优化框架模型，如图 7-2 所示。该框架模型围绕农产品供应链价值最大化，分别从农产品生产、市场营销和物流三个方面实现农产品供应链价值增值，其价值增值机制可以简单归纳为三点：开发好的农产品（产品管理），卖出好的价钱（需求管理），以合适的成本和速度完成市场流通（流通管理）。

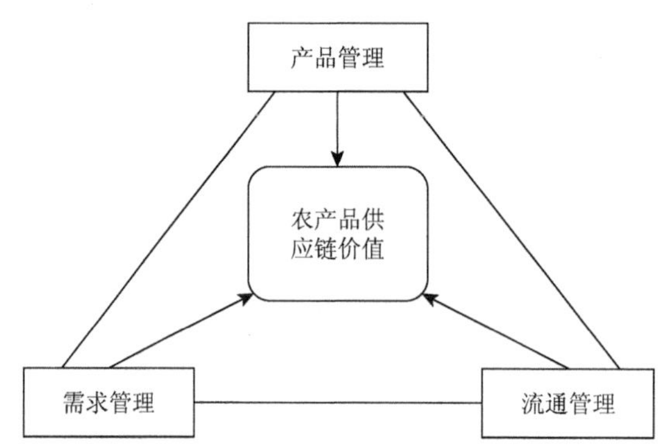

图 7-2　农产品供应链集成优化框架模型

1. 农产品供应链集成优化的价值增值机制

1）产品管理——农产品差异化实现价值增值

开发好的农产品本质上就是种植和加工出有特色的农产品，即实现农产品的差异化。不同于一般工业品可以从设计、功能、外观等方面实现产品差异化，农产品差异化需要从源头的规划、种植、加工等多环节展开。

首先，规划环节的差异化实现。由于农产品生产具有明显的季节性和周期性，其种植面积、种植品种等规划信息直接决定了农产品的市场供给，另外也决定了

农产品的市场价格，如我国近几年出现的“蒜你狠”及“姜你军”等农产品价格大幅波动主要是由供给不足造成的。因此，准确预测市场供求信息，做好农产品种植的合理规划是提高农产品价值的源头。

然后，种植环节的差异化实现。农产品种植虽然是价值增值最低的环节，但是对农产品的最终品质有着决定性影响。农产品生产受气候、土壤等自然条件影响，产品品质参差不齐，因此农产品标准化是其差异化的重要表现，这就要求在种植环节采用科学合理的育种、灌溉、施肥等管理手段提高农产品品质，实现农产品生产的标准化。此外，实现农产品标准化的一个重要途径是通过标准体系认证，如我国农产品“三品一标”的认证等。

最后，通过深加工实现农产品差异化，是农产品差异化的主要途径。一方面通过加工环节可以生产出更多满足市场需求的产品，形成系列化、多样化的产品品类；另一方面加工环节还是初级农产品再次标准化的过程。同时，深加工过程可以融合现代工艺技术，提高农产品的科技含量，是农产品价值增值的重要环节，也是我国当前农业产业化经营的重要途径。

2）需求管理——营销创新实现价值增值

我国农产品的经营往往重生产轻营销，农产品的市场价格低，附加值少，因此卖出好的价钱成为农产品营销环节的重点，而高价格往往与好品牌有直接的关系，因此农产品营销环节增值的重要途径就是品牌化。

由于农产品具有明显的地域性特征，其品牌化也可以从两方面进行。一方面是地域品牌，即利用某一地域特有的自然条件，强化地理标志的特性，从而提升农产品的地域品牌价值，如五常大米等品牌；另一方面是企业品牌，即农业产业化龙头企业利用自身技术优势、规模优势以及企业商誉等扩大品牌影响力，从而提升农产品价值，如九三粮油工业集团有限公司系列产品等。此外，还可以借助电子商务等现代信息技术，创新农产品营销模式，打造农产品网络品牌，从而提升农产品价值，如三只松鼠等品牌。

3）流通管理——成本降低和响应速度提升实现价值增值

流通过程是农产品供应链中最复杂的环节，参与主体众多，结构松散，因此其价值增值的关键在于降低流通成本，提高市场需求的响应速度，本质上是实现农产品供应链的协调管理。而提高流通环节的组织化程度，实现规模化经营是农产品供应链协调的核心，一般围绕大型批发市场、农业产业化龙头企业和第三方物流企业来展开。

首先，大型批发市场是我国农产品流通的传统模式和主要模式，能够实现农产品信息的汇集和交流，同时完成农产品物流的集散，一定程度上降低农产品的物流成本。但是由于参与主体参差不齐，对市场需求响应能力一般，需要利用现代信息技术进行改造，使其成为高效的农产品信息交流平台和物流集散地，从而降低农产品供应链成本，挖掘其价值增值潜力。

然后，农业产业化龙头企业具备技术、资金等资源优势，具有较强的成本控制能力和市场响应能力，同时对农产品供应链运营具有一定领导能力，能够发挥其核心企业的控制协调能力带动农产品供应链实现价值增值，是今后发展的重点。

最后，第三方物流企业拥有专业的物流基础设施，特别是农产品物流需要的冷链物流设施等，能够很大程度上降低农产品流通过程中的损耗，同时，第三方物流企业的规模效应也能大幅降低流通成本。此外，作为连接供需双方的桥梁还能够实现信息的快速交流，从而提高市场响应速度，因此专业的第三方物流企业是农产品供应链流通环节重要的发展方向。

综合而言，农产品供应链集成优化的价值增值机制可以概括为“两头挖潜力，中间控成本”，即在产品端和需求端深入挖掘其价值增值潜力，而在流通环节中严格控制运行成本，这样就可以实现农产品供应链的价值增值。

2. 农产品供应链集成优化的价值联动机制

农产品不同于一般工业品，其初级产品就决定了最终产品的品质，是价值增值的根基所在，因此产品管理是农产品供应链集成优化的根本。随着消费者对农产品安全、品质等的要求不断提高，产品管理必须以满足市场需求为出发点和最终归宿，而营销方式的创新是农产品价值增值的重要环节，因此需求管理是农产品供应链集成优化的关键。高效的流通管理能够大幅降低农产品供应链运作成本，提高市场需求的响应速度，是农产品价值增值的保障，因此流通管理是农产品供应链集成优化的重点。

农产品的生产经营是一个连续的过程，农产品生产的差异化、标准化程度直接影响了农产品的品牌化建设，同时影响了其规模化发展，进而决定了其生产流通成本。因此，农产品供应链的产品管理、需求管理和流通管理三者之间相互影响，价值增值具有联动效应。

四、价值链视角的农产品供应链集成优化路径

农产品供应链集成优化的过程就是同类节点从分散布局向地理空间、经济空

间集聚的过程，是从供应链节点内部流程集成到整个供应链流程一体化的过程（刘助忠等，2012），因此根据农产品供应链集成优化的框架模型，农产品供应链的集成优化可以从深度和广度两个维度来进行，即深入挖掘农产品供应链的产品管理和需求管理价值，协调优化农产品供应链的流通管理。

1. 深度层面：加强农产品供应链重点环节集聚，突出标准化和品牌化

农产品供应链的深度集成优化即在价值增值的重要环节实现农产品生产经营的集聚，具体表现为农产品生产过程的标准化、规模化以及营销环节的品牌化。

我国农产品生产的最大问题在于生产分散，规模效应、溢出效应不明显，导致现代科技、金融等服务业无法发挥最大效用。因此，以农业资源禀赋为基础实现农产品生产环节的区域集聚是集成优化的重点。例如，东北地区土地资源丰富，可以实现以土地为主要生产资料的规模化种植，通过科学规划种植品种、应用机械化作业手段以及高科技种植技术等实现农产品生产的标准化和规模化，从而提升农产品价值。

对于没有丰富土地资源的地区，可以结合当地农业资源及农产品特色，创新营销模式，实现农产品的市场空间集聚，即品牌化营销。例如，浙江遂昌在淘宝网建立全国首家县级特色馆，实现地域品牌的网络化集聚，并通过在网上开展红提营销，成功创造了遂昌红提网络品牌，形成了遂昌农产品电子商务模式，由此带动了观光采摘和高端市场销售并举的红提产业链发展，大大提高了红提产业链的附加值。

我国农产品生产经营的碎片化问题严重，因此无论选择何种集聚方式都需要当地政府的大力支持。第一，对于地域空间的集成优化，需要当地政府制定与土地转让承包相关的政策措施，鼓励散户农民通过市场行为实现土地资源的集中，以利于土地的集约化生产。第二，对于市场空间的集成优化，则需要当地政府发挥带头引领作用，通过设立农产品行业协会以及农产品地方标准等形式，加强当地特色农产品的标准化，并通过产品品牌集聚升级为地域品牌的集聚，扩大地域农产品的市场影响力。

2. 广度层面：加强农产品供应链信息共享，强化组织间协调

农产品供应链广度上的集成优化就是实现农产品供应链运作过程中各个参与主体之间的协调，从而达到成本控制和提高市场响应速度的目的。农产品供应链协调的基础是实现信息共享，因此首先要建立农产品供应链信息共享平台。农产

品供求信息分散，且具有明显的区域性特点，因此可以借助互联网信息技术，构建地方政府主导、大型批发市场组织、农业企业参与的区域农产品电子商务信息平台，实现农产品信息的区域集成优化。

其次，强化农业产业化龙头企业在农产品供应链协调中的主导作用，构建混合纵向一体化的农业产业链连接机制。以农业产业化龙头企业为主进行农业产业链设计，某些环节以某一利益主体为主，通过独资、控股或参股等形式形成产业链环节的规模化经营，构建农产品产业链的利益整体，降低农产品供应链的协调成本。

再次，构建“企业+农业产业园区+市场”的一体化组织形式。传统的“公司+农户”的组织形式中，农户违约风险大，企业对农户的监督和管理成本高。通过设立农业产业园区，核心企业主导制定园区准入门槛，一方面有利于相关农业产业的集聚，实现规模效应；另一方面降低了企业对农户的管理成本，同时园区内市场信息汇集有利于提高市场响应速度。

最后，充分发挥第三方物流企业的沟通协调作用。第三方物流企业不仅是物流集散地，更是市场信息的集散中心，构建以第三方物流企业为核心的农产品供应链，发挥物流企业在农产品流通中的沟通桥梁作用是农产品供应链集成优化的重要途径。

第三节　黑龙江省农产品供应链集成优化路径分析

本节借鉴国外发达国家农产品供应链集成优化的经验以及价值链视角的农产品供应链集成优化分析，结合黑龙江省农业发展实践，探讨黑龙江省农产品供应链集成优化的路径。

一、黑龙江省农产品供应链集成优化路径选择的原则

黑龙江省具有得天独厚的自然资源优势，同时拥有众多有市场影响力的农业产业化龙头企业，因此应该着重在深度层面挖掘农产品供应链潜力，实现农产品供应链各环节的价值增值。但是，实现农产品供应链的集成优化的路径选择应坚持如下原则。

1. 市场自发为主政府引导为辅原则

农产品供应链的集成优化本质上是实现农业现代化，发展现代农业。发达国

家的现代农业发展实践已经证明，依靠市场的力量实现农业的发展才能够给农产品供应链参与主体提供发展的动力，特别是农产品加工企业的市场势力的壮大，才能够更好地发挥市场机制的资源配置功能，实现农产品供应链自发的集成优化。但是农业生产关系到国计民生和社会稳定，所以没有任何一个国家放任不管，任其自生自灭，政府的因势利导能够有效地规范农产品供应链集成优化过程，更加有效地实现资源的优化配置。例如，日本、荷兰等国家都在土地政策、农业保险、农业合作组织规范以及农产品质量安全等方面制定完善的法律法规来推动农产品供应链的集成优化。现代农业的发展离不开政策的推动，但是整个农业产业的发展主要还是依赖于市场的强烈需求，只有适应市场的组织形式才能够在激烈的市场竞争中生存、发展和壮大。

2. 技术创新与共享原则

农产品供应链的集成优化离不开现代科学技术的应用和创新，特别是以互联网为代表的现代信息技术的应用普及为农产品供应链的集成优化提供了技术基础。农产品供应链各环节价值的增值根本上来源于现代科学技术的应用，包括机械化、自动化、信息化的实现，也可以说是工业、服务业在农业领域的技术共享，其本质上是通过现代技术创新、现代管理组织技术来改造传统的农产品供应链环节，推动农业的产业升级改造。日本、荷兰的农业奇迹正是技术创新在农业领域应用的成果。因此，一个开放的技术创新与共享平台能够实现农产品供应链各主体的信息共享，完成技术学习和借鉴，促进农业实现跨越式发展。

3. 遵循产业发展规律原则

农产品供应链的集成优化是对传统农业产业链落后生产技术、组织模式和管理理念的改革，是推动农业产业升级优化的重要手段，因此必须遵循产业改造升级的发展规律，通过先进科技的研发应用，科学管理方法的推广，融合工业、服务业的先进理念加快农业产业的发展，而不是孤立地发展农业。因此，要将其他产业的先进发展经验和发展理念推广应用于农业产业，将以科技为代表的现代服务业与农业发展相融合，促进现代农业发展。

二、黑龙江省农产品供应链集成优化路径的制度安排

制度经济学认为，制度是一系列管束人们最大化行为游戏规则的总称。制度

安排是在特定领域内约束人们行为的一组规则，支配经济单位之间可能采取的合作与竞争的方式(潘锦云等，2013)。农产品供应链的优化集成也离不开制度安排。以下主要从产业制度、市场制度和技术制度三个方面来进行分析。

1. 产业制度安排

在"互联网+"以及发展现代农业的大背景下，实现农产品供应链的集成优化需要在以下几个方面来进行产业制度安排。第一，通过农业产业发展规划，引导农产品供应链实现规模化、专业化生产，延伸拓展农产品价值链。例如，划定专业特色农产品生产加工主导区域，引导农产品产业集群发展。农民专业合作社向加工销售型拓展，农户、农场向观光农业、旅游农业等领域延伸，加工企业向精深领域深化等。第二，制定专门的农产品发展政策规范和加快农产品供应链集成优化。例如，改革土地流转制度，促进土地资源集中，实现农产品生产的规模化。产业制度安排是一个长期的影响，因此需要相关部门进行统一协调，适时出台政策进行激励。

对于黑龙江省而言，农业产业制度安排应该向土地集中化、机械化、自动化等农产品生产环节侧重，保证农产品生产的效率提升。同时，划定大宗特色农产品的产业规划区域，实现专业化生产。对于有条件的地区适时发展旅游农业、观光农业等附加值较高的产业链环节。在政策制定上侧重对绿色（有机）食品的监管和规范，进一步提升绿色食品产业的市场影响力。

2. 市场制度安排

价格机制是最基本的市场制度，是自发形成的，这里强调的市场制度是以市场为交易平台、为了实现各方利益最大化而制定的一系列规则，主要指市场的进入和退出的制度安排。

第一，根据各地区资源优势设定优势产业，废除对农产品供应链各环节的准入限制。因为农产品供应链各环节盈利能力弱，带动的社会就业不明显，所以一些地方政府往往"重工轻农"，对农产品供应链的支持优惠配套不够，主观上造成农产品供应链环节壮大的障碍。例如，黑龙江省一些资源型城市依赖矿产资源，忽视当地的优势农业资源，当矿产资源枯竭时导致当地经济发展停滞不前，严重影响人们经济生活。因此，各地应结合本地比较优势，加强优势产业的扶持力度，形成多样化的产业发展格局。

第二，加强对农产品供应链各环节的竞争淘汰。制定农产品行业和环节的监督审查标准，对不符合标准和未达到要求的经营主体进行改造和淘汰，通过市场竞争和行业约束淘汰不合格的农产品经营主体。同时，对于严重违反行业制度的主体进行严肃处理，以维护农产品市场的健康发展。农产品的品质关系到人们的生命健康，因此严把质量关是提升农产品供应链整体发展效益的关键。通过严格的监督淘汰机制才能够树立良好的农产品企业和地区形象。例如，黑龙江省乳制品行业持续保持质量安全的形象，其中完达山乳业更是保持抽检100%合格的概率，成功地塑造了黑龙江省乳业知名品牌。

3. 技术制度安排

技术制度的安排本质上是保证农产品供应链各环节以及与其他产业之间的技术共享，通过农业科学技术的应用降低农产品生产成本，通过信息技术的应用提供农产品各环节间的信息共享，降低农产品交易成本。

第一，通过技术交流，保证农产品生产地区的新技术应用，特别是育种育苗技术、农产品生产管理技术、防治病虫害技术等关系到农产品生产品质和数量的新技术的推广和应用。通常是建立多级农业技术推广体系，实现农业技术从城市研发到农村应用的推广。例如，荷兰的集成化工业技术在温室农业中广泛应用，大大提高了荷兰设施农业的发展效率；日本以农协为载体的农业技术推广体系为农产品供应链上的农户、加工企业等提供了系统化的技术指导；美国则是通过强大的农业产业化龙头企业按照工厂化生产原则，实现农产品生产工艺专业化、流水线作业，保证新技术的应用和普及。

第二，推动互联网等信息技术的普及，加强农产品供应链各主体间的信息交流共享。信息不对称和信息交流被人为割断是农产品供应链交易成本提高的重要原因，农产品供应链上信息量大、信息来源多等导致农产品的信息共享难度更大。因此，需制定统一的农产品信息统计、发布标准，通过权威的信息发布渠道公布农产品信息，为供应链上各环节主体提供科学、规范、标准的农产品信息。互联网技术是实现这一信息共享的重要载体。因此，加快农业互联网的普及推广是重中之重。当前技术实施的主体主要是以大型农业产业化龙头农产品加工企业为主，同时，对分散农产品生产主体的技术扶持以政府的农业技术推广体系覆盖和行业协会的技术传播为主，通过三位一体的技术传播主体来保证农产品供应链上的技术交流和推广应用。

对于黑龙江省而言，农业产业化龙头企业、农民专业合作社、农技推广体系以及农业行业协会都可以成为技术交流和传播的主导者，其中大型农业产业化龙头企业是主力，农技推广体系中的村镇技术推广站是重要的载体。同时在信息技术应用推广方面，政府的推动和引领必不可少。

三、黑龙江省农产品供应链网络集成优化路径选择

结合前文黑龙江省农产品供应链路径选择中的制度安排以及当前以互联网电子商务为代表的信息技术的普及推广，黑龙江省农产品供应链集成优化可以借助网络技术来实现，构建动态联盟组织模式的网络化集成优化路径。

1. 农产品供应链的网络化集成优化路径

农产品供应链集成优化的瓶颈主要是各主体的分散化面临的信息流断裂，导致的信息成本高、交易成本高、物流成本高的问题，以及农产品供应链中物流、信息流、商流之间的协调问题，所以农产品供应链集成优化的关键是通过建立畅通的信息交流渠道实现农产品供求之间的协同发展，互联网技术的发展为其提供了可行的解决方案。

农产品供应链网络化集成优化路径的关键就是借助互联网这一信息技术手段，实现农产品供应链各环节的集成优化，主要通过“互联网+生产”、“互联网+物流”和“互联网+销售”等模式，对各地特色农产品生产资源、物流资源、销售资源等进行充分整合优化，通过线上线下的信息流、物流和商流的集成，降低农产品供应链运营成本，提高农产品供应链市场响应速度，提升农产品供应链整体经济效益。在其运行过程中，以电子商务为代表的现代信息技术服务集成商发挥主导作用，还有第三方物流服务商等社会化服务机构。农产品供应链环节复杂多变，因此其集成优化一般也经历由局部到整体，由表面到深化的几个阶段。

1）农产品供应链各环节独立集成阶段

在农产品供应链集成优化的初级阶段，应该在生产、加工、销售等局部环节借助“互联网+”，实现农产品的信息流、物流的集成优化。在独立的供应链环节实现信息集成和规模化，从而实现各环节价值的增值。例如，在农产品生产环节，利用信息技术建立农产品电子商务信息平台，实现育种、种植规划、生产技术的有效沟通交流，利用网络信息技术使分散在城市和科研院所的技术信息与农产品生产环节的农户等经营主体实现无障碍交流，从而提高农产品生产环节的技术含量，提高农产品附加值。同时，在加工环节，大型农产品企业利用自身资金、技术优势，构建信息化平台，实现农资采购、农产品生产监督和农产品生产环节的

信息化，提高生产加工效率，降低生产成本。在销售环节，利用电子商务平台，实现农产品的电子商务销售。

目前，黑龙江省农产品供应链集成优化多集中于此阶段。对于农产品供应链生产环节而言，其组织化程度不高，信息化技术应用受限，因此应该加强信息技术在农户、农民专业合作社、农场内部的推广应用，提高其对信息技术的利用程度。此外，在农产品网络营销方面，黑龙江省农产品电子商务发展不够充分，应该利用综合性电子商务平台打造黑龙江省知名农产品品牌，同时利用农业产业化龙头企业的市场知名度提升黑龙江省农产品市场影响力，从而在农产品供应链各环节提高集成优化的程度。

2）农产品供应链各环节间协调优化阶段

当农产品供应链各环节内部集成优化达到一定阶段后，可以向供应链环节间的流程优化协同发展，即实现农产品供应链上信息流、物流之间的协调优化，这属于异业联盟的整合优化模式。农产品供应链各环节主体之间通过信息沟通交流实现业务发展协调优化，是降低农产品供应链运营成本的重要途径。但是，这种协调优化一般需要由农产品供应链上的核心企业发起，通过构建电子商务信息平台，实现供应链上参与主体之间的信息沟通，一般以大型批发市场、农业产业化龙头企业以及大型综合性电子商务平台来主导，同时需要专业的第三方物流企业作为重要的辅助体系。例如，中粮我买网通过电子商务平台构建网上农产品交易平台，构建一条包括消费者、农产品供应商、第三方物流等在内的农产品供应链。

黑龙江省农产品供应链的集成优化正在向这个方向发展，如北大荒集团通过建设电子商务网站，构建大农网等农产品销售平台，建设垦丰种业商城实现农产品物资的网络采购和销售，同时建设九三官方旗舰店、完达山官方旗舰店和北大荒官方旗舰店打造网络电子商务专营店，塑造北大荒农产品网络品牌。但是整体来说，它们还属于起步阶段，市场影响力仍然有限，需要进一步加快发展步伐，推进农产品供应链各环节间的协调优化。

3）农产品供应链的本地化、区域化协同阶段

农产品生产的区域化、保质期短，以及需求品类多、要求响应速度快和物流成本高等特性决定了农产品供应链的纵向协调优化必然发展为本地化、区域化的协调发展阶段，即同一区域内的农产品生产者和同一市场的销售者之间协同合作的阶段。例如，地方政府主导构建适合本地自然环境的农产品区域协同电子商务平台，提供农用物资供求信息，为农产品生产提供技术支持和指导，以及农产品的市场供求信息。同时，构建本地特色农产品电子商务交易平台，借助综合性电

子商务平台打造区域特色旗舰店，塑造农产品地域品牌。这一阶段的实现，不仅要求地方政府具有较强的农产品信息综合处理能力，还要创新农产品营销模式，完善冷链物流体系，降低农产品物流损耗。因此，此阶段的实施本质上是农产品线上信息集成与线下物流系统优化的过程。

对于黑龙江省农产品供应链而言，线上的农产品电子商务信息平台建设较多，如有黑龙江省农业委员会的生态龙江、黑龙江大米网、五常大米网、黑龙江省农民合作社网等专业电子商务网站，但是这些网站发布的信息来源不一，标准不同，导致信息可信度不高，缺少统一区域农产品电子商务信息发布平台，特别是关于农产品技术指导、供求信息的发布。同时线下的物流体系，特别是冷链物流体系不健全，也导致农产品物流成本较高。因此，要实现该阶段农产品供应链的集成优化，需要构建集农用物资、农业技术、农产品供求信息为一体的区域协同电子商务平台，同时构建和完善农产品物流配送体系，实现线上、线下的协调发展。

2. 农产品供应链集成优化动态联盟的组织模式

在农产品供应链网络化集成优化路径中，农产品供应链各环节主体参与必不可少，因此，“电子商务平台+经营主体”是其最基本模式，但是在农产品供应链集成优化的不同阶段，其参与主体也在不断调整和变化，因此构建动态联盟的组织模式是农产品供应链集成实施的重要组织形式。

首先，在农产品供应链各环节独立集成阶段，“电子商务平台+经营主体”主要是以农民专业合作社、大型农业企业、综合性电子商务平台为代表的主体，通过各经营主体自身组织能力，实现农产品供应链各环节的规模化、集约化集成。

然后，在农产品供应链各环节间协同优化阶段，“电子商务平台+经营主体”主要是有利于各方协调的联合组织模式，如“农业产业化龙头企业+农户”、“行业协会/合作社+农户”、“企业+产业园区+农户”及“农户+批发市场”等多种形式，具体哪种模式更有效取决于在该农产品供应链中发挥核心作用的组织。

最后，在农产品供应链的本地化、区域化协同阶段，“电子商务平台+经营主体”中政府机构发挥重要的引领作用，“政府带头+协会组织+企业参与”的组织模式成为重要形式。其中，地方政府对农产品供应链上的信息进行标准化和统一化管理，监督农产品信息的传播，保证信息的公开、透明。

整体而言，不要限制农产品供应链上组织模式的发展，应该遵循市场为主政府为辅的原则，充分发挥市场的主导机制，但是在信息沟通交流的关键环节上，政府需要发挥能动引导作用。

黑龙江省农产品供应链集成优化过程中，“农业产业化龙头企业+产业园区+农户”的组织模式可以进行推广，因为农业产业园区可以将农业生产资源进行集中，实现农产品生产的规模化，同时，产业园区的进入门槛设置，可以降低农业产业化龙头企业对农户的组织管理成本，所以对于农产品供应链的成本降低和整体效益提升都具有实践意义。

四、促进黑龙江省农产品供应链集成优化的策略建议

黑龙江省农产品供应链的集成优化离不开各参与主体的发展壮大，以及现代化物流、信息服务体系的完善，因此在实施农产品供应链网络化集成优化路径的过程中，还应该从以下几个方面进行推进。

1. 加快农民专业合作社发展，强化农业产业化龙头企业引领作用

目前，农民专业合作社是集中分散农户的最佳组织形式，其形式灵活，门槛低，能够集中土地资源和生产资料资源，发挥农产品生产的规模效应。黑龙江省现有各种农民专业合作社数万家，分布在农产品生产、加工、经销等不同环节，其中生产环节的农民专业合作社占比较高，因此鼓励分散农户加入农民专业合作社，进一步扩大农产品生产规模，提高农产品生产环节的组织化程度，同时，鼓励和引导农民专业合作社向农产品精深加工、流通销售环节延伸产业链，提高农产品附加值。对于规模大、加工能力强的农业产业化龙头企业，进一步强化其引领作用，鼓励农业产业化龙头企业延伸产业链，向上整合农民专业合作社，扩大农产品生产基地建设，向下拓展农产品深加工能力，延伸销售网络，打造农产品知名品牌，树立黑龙江省品牌形象。

2. 构建现代农产品供应链渠道体系

通过横向或纵向联合、协议或股权连结等方式组建具有战略合作关系的联盟化农产品供应链渠道关系体系。第一，鼓励农民以转包、出租、互换、转让、股份合作等形式流转土地承包经营权，打造一批专业化、标准化的优质农产品生产基地，提高农产品生产环节的组织化程度。第二，加强终端化的农产品供应链渠道运作体系，实现农产品经营的“连锁化”和销售的“超市化”。通过专业化的农产品连锁店和综合超市，带动农产品供应链由消费终端向生产前端延伸，实现农超对接，生产与需求对接，构建从田间到餐桌的一体化渠道体系。

建立黑龙江省区域协同农产品电子商务平台，将农户、加工企业、分销企业以及农产品科研院所等组织纳入该平台，加强各成员的资源整合，优化农产品供应链渠道资源配置，实现从“农产品批量转移”向“农产品渠道信息批量转移”功能的转换。

3. 建立健全多层次农产品供应链信息系统

农产品供应链分散化导致农产品信息的搜集、整理、统计等难度较大，需要多层面着手，利用网络信息技术和现代化的管理手段构建现代化农产品供应链信息系统。

首先，政府应当作为农产品信息平台建设的主导者，完成农产品信息平台的顶层设计，统筹设计农产品信息平台的标准、内容、建设制度以及信息的采集、处理和发布，避免农产品供应链中信息在采集、整理过程中出现标准不一致，以及信息断链的可能。保证农产品供应链的信息统一标准、统一接口，实现各节点信息的无缝衔接，以及农产品供应链上信息的互通和兼容共享。同时，加强对农产品信息的处理工作，强化农产品信息的市场预测和预警功能，从而更加有效地为农产品供应链参与者服务。

然后，农产品供应链的参与者，特别是农民专业合作社、中介组织、加工企业作为农产品信息的提供者，应该积极主动地提供真实、有效、及时的农产品信息，保证农产品供应链信息的真实和实时。加强对基层信息采集人员的专业培训，运用先进的信息采集手段，提高信息采集的真实性和可靠性。

最后，加强黑龙江省特色农产品供应链信息系统建设，特别是绿色（有机）食品数据库建设，将特色农产品的产地、生产者、加工企业以及经销商等信息完全纳入农产品供应链信息系统，分析其生产特点、加工特色、价格波动、市场需求等因素，为特色农产品的生产、加工、销售提供有价值的参考信息。

4. 打造全方位的农产品供应链服务体系

为了促进农产品供应链的整合发展，需要从农产品的质量监管、标准化认证、物流配送和金融支持等方面打造系列化的服务体系，电子商务平台的发展为其提供了必要的支撑。

首先，完善农产品质量监管体系，建立面向质量追溯的农产品电子商务服务平台。加快成立专门的农产品质量监管机构，构建村、乡、县、市、省多级质量监管体系，生产监管机构、检疫机构以及市场监督机构。利用互联网信息技术构建农产品质量追溯系统，保证消费者可以通过网络终端对所购买的农产品的质量安全进行查询，追溯产地。同时，完善农产品质量安全预警机制，制定缺陷农产品召回制度，切实保证消费者权益。

其次，加强农产品标准化认证，特别是绿色（有机）食品、无公害食品以及地理标志产品的认证、监督工作。从农产品产地环境、生产操作、农业生产资料投入，农产品的包装、标识等多环节开展标准化认证工作，建设标准化农产品生产基地，打造一批标准化优质农产品，树立黑龙江省优质农产品省份的形象。

再次，加快物流基础设施建设，特别是冷链物流基础设施的发展。欧美发达国家食品的冷链物流量已占国内销售总量的50%以上，日本食品物流中已有98%通过冷链，因此黑龙江省一方面应加大冷库、冷藏设备的投资建设，另一方面应鼓励第三方物流企业扩大经营规模，增加冷链物流服务，提高物流配送服务水平。

最后，农产品供应链服务体系的完善离不开政府政策支持，特别是金融扶持政策。金融、信贷政策应该在农民专业合作社发展、农产品生产资料购买以及农业企业发展等方面适当倾斜，通过低息或免息贷款、减免税收、增加农业补贴等方式加大对农产品生产、加工、销售等环节的支持力度，鼓励农产品生产组织通过资本市场、银行等方式扩大生产规模。

第八章　基于电子商务平台的农产品供应链集成优化方案——以黑龙江省为例

通过前文的分析可以看出，在“互联网+农业”的背景下，借助网络信息技术实现分阶段的网络集成优化是黑龙江省农产品供应链集成优化的可选择路径，而网络化集成优化的关键是信息的采集和共享，动态联盟组织模式是保障。黑龙江省农业经过多年发展已经具备了农产品供应链集成优化的基础和优势。

第一节　黑龙江省农产品供应链集成优化的优势

一、农业资源丰富，农产品生产基础较好

黑龙江省作为农业大省，拥有得天独厚的土地、河流等自然资源。全省耕地面积和人均耕地占有量居全国首位，特有的黑土资源适于优质粮食和经济作物种植。省内河流湖泊众多，水资源丰富。黑龙江省作为重要的重工业基地，农机装备居于国内前列。黑龙江省内生态环境良好，具有开发绿色（有机）食品得天独厚的条件。拥有东北农业大学、黑龙江省农业科学院等一批农业领域科研院所，农业科技力量雄厚。

二、农产品供应链发展基础坚实

近年来，黑龙江省粮食连年丰收，农业全面发展，综合生产能力逐年提高。2014 年实现农业增加值 2659.6 亿元，同比增长 5.6%，农林牧渔服务业增加值同比增长 8.4%。全省绿色（有机）食品种植面积增长 2.9%，绿色食品认证个数 1500 个，绿色食品产业牵动农户 15.6 万户，绿色食品加工企业产品产量增长 18.3%，安全优质的农产品在国内外市场有较高的知名度和占有率。农业产业规模不断扩大，形成了以粮食、畜牧产品、山特产品为主的农产品加工体系，拥有一批国内外知名的大型农产品加工企业集团，具有坚实的农业产业基础。同时，黑龙江省

垦区耕地占全省的1/5，是国内耕地规模最大、机械化水平最高、综合生产能力最强的国有农场群，农业机械化、标准化、规模化和产业化走在全国前列，具有较强的示范带头作用。

三、形成优势农产品产业带，具备集群优势

黑龙江省积极构建优势农产品的产业带，优先发展了哈尔滨、牡丹江、佳木斯、鸡西水稻产业带，齐齐哈尔、绥化、黑河大豆产业带，以及哈尔滨、绥化玉米产业带等三大作物产业带，既巩固了全国商品粮生产基地的地位，又形成了农产品产业集群。同时，黑龙江省还是全国最大的绿色（有机）食品产业生产基地，绿色（有机）食品种植面积不断扩大，形成了水稻、玉米、大豆、马铃薯、乳品、肉类、山特产品加工业和甜菜糖业等 8 个重点绿色食品产业，优化了绿色农产品布局，实现了绿色食品规范化生产、加工、销售、服务一体化的发展，具备了绿色（有机）食品产业集群优势，为农产品供应链集成优化奠定了规模优势。

四、拥有一批知名的农业产业化龙头企业，农业产业化经营发展迅速

黑龙江省拥有一批国内知名的农产品加工企业，特别是完达山乳业、黑龙江飞鹤乳业有限公司、九三粮油工业集团有限公司、黑龙江省北大荒米业集团有限公司、黑龙江省响水米业股份有限公司等国家农业产业化重点龙头企业及一大批省级农业产业化重点龙头企业。这些知名加工企业拥有较完整的产业链，具有较强的农产品精深加工能力，对于农产品产业链的延伸及增值具有较强的带动作用。同时，这些农业产业化龙头企业拥有知名商标，深入实施农产品品牌战略，打造出具有较高知名度的农产品品牌，对于进一步完善和整合农产品流通环节具有较强的引领作用。

第二节　黑龙江省农产品供应链集成优化方案

农产品供应链集成优化的关键是信息的采集和共享，结合黑龙江省实际，制订以电子商务平台为载体的黑龙江省农产品供应链集成优化方案，即政府主导建设完善多层次农业信息网络，构建农产品区域协同电子商务平台；农业产业化龙

头企业建设农产品电子商务交易平台；物流企业构建第三方电子商务专业平台，集成优化农户和中小微农业企业，借助网络信息平台的应用逐步实现黑龙江省农产品供应链的全价值链集成优化。

一、政府主导构建农产品区域协同电子商务平台

农产品区域协同电子商务平台本质上是农产品供应链信息共享平台，目的是通过农业动态数据库和先进的互联网信息技术平台实现农产品供应链各环节主体间的信息沟通和交流，完善农产品供应链服务体系，从而降低农产品供应链运作成本。其服务对象主要是黑龙江省区域范围内与农业生产相关的参与主体，主要包括农户、种养大户、农民专业合作社、农产品加工企业、批发市场以及各级消费者等。

1. 农产品区域协同电子商务平台构建原则

1）坚持自上而下的设计原则

虽然农产品供应链集成优化应遵循市场为主、政府为辅的原则，但是由于涉及的农业信息种类繁多，参与主体层次不同，服务对象复杂，区域协同电子商务平台的建设还是应该以政府为主导，坚持自上而下的原则，由基层农业信息采集设计，构建多部门参与、多主体协调的区域农产品协同电子商务平台。

2）坚持各部门协同参与原则

黑龙江省区域协同电子商务平台建设涉及省农技推广服务部门、农产品市场管理部门、农民专业合作社管理部门、农产品加工企业管理部门等多个参与方，容易出现多头管理、政出多门等问题，因此在农产品信息统计、整理、发布以及政策制定等方面须多方协调参与，可以通过设立协调小组等方式来加强沟通，防止出现信息混乱、相互矛盾的情况。

3）突出黑龙江省农产品地域特色原则

黑龙江省农产品种类众多，农产品供应链涉及种养规划、育种育苗、生产管理、病虫害防治、市场推广销售等多个环节，要实现所有农产品供应链间的信息协调和共享几乎是不可能完成的任务。因此，在构建黑龙江省区域协同电子商务平台时，要抓大放小，突出黑龙江省地域农产品特色，构建具有产业集群优势的农产品信息管理系统，如以水稻、大豆、玉米、马铃薯等为核心的信息管理系统，此外，还应该重视黑木耳、蘑菇等具有较强经济效益的绿色（有机）特色农产品的信息管理系统的构建。

4）注重农业数据库建设原则

区域协同电子商务平台建设的关键是对黑龙江省内各种农业生产和农产品供应链信息的采集、汇总、整理、分析，并从中发现农产品供应链中的关键点，为农业生产和农产品加工以及农产品市场营销提供科学预测等数据支持。因此，必须注重农业数据库建设，特别是农产品生产种养技术、病虫害防治技术、农产品先进加工技术、农产品市场供求信息等的建设，保障区域农产品电子商务平台共享信息资源，实现实时互动。

2. 核心功能系统构成

黑龙江省农产品区域协同电子商务平台应该围绕促进农产品产量和质量提高，以及满足市场需求来开展信息共享和协调，因此其核心功能包括农产品技术推广系统和农产品市场供求系统，同时，为了加强与消费者的互动与交流，还应该提供农产品质量追溯查询系统的服务。

1）农产品技术推广系统

农技推广是当前我国各级农业主管部门力推的服务，包括农业农村部、中国农业科学院、全国农技推广服务中心在内的机构组织都建立相关的农技推广网站，普及农业生产技术。但是农产品生产具有明显的地域性特点，农产品技术推广须符合当地的自然生态环境，因此黑龙江省应该构建适合本省省情的农技推广系统。

首先，根据黑龙江省优势产业构建专门的农业数据库，如水稻产业数据库、玉米产业数据库、大豆产业数据库等，对从农产品种植到田间管理涉及的种植技术、病虫害防治技术、管理技术等进行整理分析，以利于农户和生产主体查询，同时结合黑龙江省当年的自然气候等条件提供农产品生产的风险预测，及时提醒农户、农民专业合作社等注意预防农产品生产风险。

然后，构建农产品技术专家系统，将黑龙江省内科研院所的农业生产领域专家集中于该平台，加大农产品生产中的技术指导力度，实现农产品技术研发、推广的信息集成。通过专家系统实现产学研结合，加快农产品技术的市场转化，提高黑龙江省优势农产品的市场占有率。同时，通过专家咨询诊断系统可以对黑龙江省农产品生产中出现的突发问题进行及时反馈和处置，从而降低农户的经营风险。

最后，充分发挥农协、农民专业合作社等组织的中介功能，构建农产品技术互动平台，完善农产品技术推广体系。对每个农户实现信息共享成本太高，实践中也较难操作，但是农协和专业合作社与农户有直接的沟通交流，能够获得最直接的农产品生产和技术需求等信息，可以充分发挥其中介桥梁作用。为了更好地发挥农产品技术推广系统的信息协调功能，农协、农民专业合作社及时搜集反馈一线农产品生产信息，同时将先进的管理技术传导给农户，形成农户、中介组织和专家三方联动的农产品技术推广系统，从而将农产品供应链上的经营主体通过技术信息共享实现集成。这一点可以学习和借鉴日本农协的运作模式，加强农产品供应链经营主体间的联动。

综合而言，农产品技术推广系统本质上是对农户、农民专业合作社、农协、农技专家进行的集成，通过农产品技术信息的共享，实现对农产品生产环节经营主体的整合，提高农产品生产效率。

2）农产品市场供求信息系统

农产品的生产具有地域性，但是其需求却是全国性的，因此需要充分了解和掌握整个市场的供求关系，才能更好地指导农产品的生产、加工以及营销活动。为了更准确地分析和构建黑龙江省农产品市场供求状况，这里将农产品划分为大宗农产品即水稻、玉米、大豆为主的粮食作物，以及特色农产品，包括生鲜农产品、木耳、蘑菇等经济作物。

第一，黑龙江省作为粮食主产区需要掌握和准确分析市场的供求信息，才能更好地制订农产品种植生产计划，调整农业产业结构，提高农业增加值。大宗农产品市场价格不仅受现货市场影响，还受期货市场等的影响，因此黑龙江省需全面分析现货、期货市场，科学预测粮食作物的市场供求，从而为制定合理的农业政策提供科学依据。

第二，对于生鲜农产品以及具有黑龙江省地域特色的农产品，需要将市场的供求价格信息进行汇总整理，信息汇集途径可以借助当地的大型批发市场以及连锁超市等进行，从而将农产品供应链下游的流通环节主体纳入黑龙江省协同电子商务平台中，但是要保证获得信息的准确及时。

整体而言，农产品市场供求信息系统是将农产品供应链流通环节中的批发市场、超市等主体进行的信息集成，为实现以农超对接为代表的农产品供应链流通环节优化提供信息基础。

3）农产品质量查询追溯系统

黑龙江省努力打造绿色（有机）无公害的农产品地域品牌形象，除了通过“三品一标”等的国家认证之外，为消费者提供直接的质量查询追溯系统是最有效的途径之一。因此，在黑龙江省农产品区域协同电子商务平台上，构建农产品质量查询系统，实现对最终消费者的整合集成。一般可以通过以下两种方式来实现。

（1）对大型农产品加工企业已经建立的质量追溯体系进行集成优化，通过制定数据查询标准、统一消费者查询入口等方式，将大型加工企业的信息资源进行整合优化，实现农产品质量查询信息的集成共享。

（2）构建农产品质量监督数据库，包括对优质农产品及企业大力推广宣传，对不合格农产品及企业的曝光，通过公示、警告等方式督促企业重视农产品质量。

3. 构建农产品区域协同电子商务平台应注意的问题

黑龙江省农产品区域协同电子商务平台要求对省内农产品技术推广、农产品市场供求信息及农产品质量信息进行系统化的整理分析以实现信息的共享，以及在信息沟通基础上的农产品供应链参与主体间的协调，因此应该着重注意两个方面。

一是农产品信息标准化。农产品信息数据库的构建，关键是信息的采集、整理、加工，必须遵循标准化、统一化的原则。在这个过程中，政府应该发挥主导作用，统一农产品信息采集口径、信息采集标准，并统一发布平台，改变当前农产品信息来源多、杂、乱的现象，防止出现信息发布平台不统一导致的信息矛盾、冲突的现象。

二是制定科学合理的协同电子商务平台使用流程管理制度。对于电子商务平台的不同用户群体，其需求不同，使用的目的不同，因此需要设置相应的终端管理界面和平台，制定相应的使用流程、管理制度和办法，规范其对协同电子商务平台的应用，特别是制定科学合理的农产品信息使用流程，保证信息安全、公开、公正，实现农产品供应链上的信息共享。

此外，区域协同电子商务平台的服务范围是黑龙江省的农产品供应链经营主体，由于农产品供应链的动态性，相关的信息也都是动态变化的，应加强对平台的日常维护和管理，确保信息及时、准确地传递。

二、农业产业化龙头企业建设农产品电子商务交易平台

农产品供应链集成优化中农业产业化龙头企业必不可少，应该充分利用其自身的技术、资金、市场影响力等资源优势，通过构建农产品电子商务交易平台，实现其对农产品上下游环节的带动和引领作用。构建的农产品电子商务平台主要从内部供应链的完善及农产品的外部网络交易两个方面来发挥其引领和主导作用。

1. 农产品供应链的采购销售管理平台

农业产业化龙头企业一般是具有较强农产品加工能力的专业化企业，拥有专业的加工设施设备，规模大、生产的连续性高，对初级农产品的需求量大，因此具有很强的对农产品上游生产环节的集成整合意愿。同时，拥有雄厚的资金实力和较强的农产品加工技术，因此一般作为核心企业对农产品供应链的上下游环节进行整合，这就必然涉及大量的初级农产品采购以及与下游分销商的大量业务。因此，农业产业化龙头企业首先应该通过自建的电子商务平台实现对其上下游供应商的管理，电子商务平台作为农产品供应链上的信息集成平台，连接上游的农户、农场、种养大户、农民专业合作社、农协等初级农产品生产组织，以及下游的批发商、连锁超市、零售商，构建“农户/农场/合作社+加工企业+销售网络”的农产品供应链集成组织模式，实现以农业产业化龙头企业为核心的信息管理，同时借助专业的第三方物流完成农产品的物流配送，如图 8-1 所示。

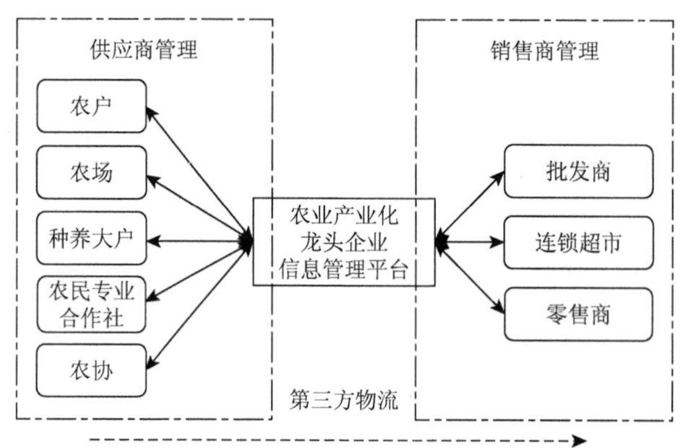

图 8-1　农业产业化龙头企业电子商务信息管理平台

农业产业化龙头企业的电子商务信息平台主要围绕满足本企业的初级农产品采购以及加工后农产品的销售为主，因此涉及农产品供应商管理和销售商管理两项主要功能。对于初级农产品采购环节，其生产主体多样化、分散化，导致管理难度较大。为了降低采购和管理成本，可以根据企业自身业务需求重点与农场、合作社以及相关农产品协会进行合作，签订合作协议，采取订单式采购，保障农产品供应，同时，在平台上设置相应的入口和界面，对其供应信息进行专业化管理。此外，还可以在平台上设置采购公告栏，提前发布对某种农产品的需求，通过市场化采购优化农产品的供应。在农产品销售环节中，加强对销售网络的完善和优化，通过信息平台加强对批发商渠道的管理，以及和连锁超市间的信息沟通和共享，采用电子订货平台完善对销售商的管理。

电子商务信息管理平台的建设和完善要求企业必须具备足够的资金实力和高效的管理能力，特别是对上下游环节的组织管理能力，一般适合于大型农业产业化龙头企业。黑龙江省的食品工业企业中北大荒集团具备较强的资金、技术和管理能力，但是其对供应链上下游的管理和控制多是采用传统的渠道来完成，今后可以考虑借鉴工业企业的供应链管理方式，通过电子商务信息平台加强对供应商和销售商的管理。

2. 农产品对外销售平台

当前，农业产业化龙头企业自建电子商务平台的主要目的是解决农产品的网络销售问题，即实现农产品供应链的末端销售的集成优化。当前黑龙江省农产品企业自建的电子商务平台也主要以网络销售为主。在竞争激烈的农产品电商市场中，黑龙江省农业产业化龙头企业自建电子商务平台的竞争关键在于塑造企业品牌形象，提升企业品牌市场影响力，将黑龙江省的绿色（有机）健康的地域农产品形象，落实到具体的企业品牌，将地标品牌转化为企业品牌，实实在在地带来经济效益和社会效益。但是，黑龙江省农产品企业的品牌塑造不是简单的市场营销，而应该从农产品品质管理、标准化建设、质量溯源系统完善、品牌形象设计以及营销推广模式创新等多方入手，全方位打造企业品牌。

1）加强农产品标准化建设，保证产品品质

相对于农户、农民专业合作社、农协等分散化、碎片化的网络销售，农业产业化龙头企业进行网络销售具有明显的优势，即初级农产品经过深加工，无论在产品质量还是产品包装等方面，标准化程度得到了极大的提高。因此，农业产业化龙头企业应该继续发挥自身优势，通过深精加工提高农产品附加值及标准化，同时积极参与“三品一标”等国家认证，将黑龙江省绿色（有机）农产品的品质特性具体化，通过电子商务平台大力宣传和推广，深化企业品牌。

2）完善产品质量追溯系统，提升品牌可信度

黑龙江省农业产业化龙头企业应该构建产品数据库，实现对农产品从采购、加工到销售环节的信息管理，完善产品的质量追溯系统，并在电子商务平台上提供可查询系统，保证产品的质量安全和可信度，塑造有保证的产品品牌形象。

3）创新网络营销模式，扩大品牌市场影响力

目前黑龙江省农业产业化龙头企业的电子商务平台面临的最大问题是流量

不多，网络知名度不高，导致产品市场影响力不足，如北大荒集团的大农网等网络知名度并不高，因此需要学习和借鉴知名电子商务平台的营销推广模式，创新网络营销方法，吸引网络消费者的注意力，引入网络流量，提高电子商务平台交易量。其中，深入挖掘品牌故事，利用移动互联网、微信朋友圈、公众号等新型技术传播方式，加大推广宣传力度，可以作为电子商务平台网络推广的参考途径。此外，加强与京东、天猫等知名电子商务平台的合作，通过开设旗舰店、特色馆等方式宣传企业品牌，以及采用百度推广等方式，加大对电子商务平台的网络宣传。

总之，电子商务交易平台作为企业对外宣传和营销的窗口，需要从产品品牌塑造入手吸引消费者，以产品品质保证和提升来留住消费者，以创新营销模式来激励消费者，以此来创建黑龙江省知名的农产品企业品牌。

3. 农业产业化龙头企业自建电子商务交易平台应注意的方面

农业产业化龙头企业自建电子商务交易平台除了对自身的资金、技术、人才等有较高的要求外，还需要注意以下几个方面。

保证产品品质是根本。无论采取哪种营销模式，农产品品质始终是消费者关注的重点，因此必须严把质量关，坚决杜绝任何影响产品品质的问题出现，这就要求农产品加工企业在初级农产品采购、加工等环节必须严格把控。黑龙江省农产品企业多通过自营农场、生产基地等方式来保证农产品的质量，因此具备农产品供应链的上游优势，但是也不能因此而放松。

塑造企业品牌形象是关键。企业品牌是产品市场影响力的重要参考指标，也是影响网络消费者购买的重要因素。黑龙江省农产品最大的问题是有地标品牌、少企业品牌，特别是农特产品企业品牌更少，结果导致市场上农产品品牌混杂，真假难辨，消费者无从选择。例如，五常大米作为地标品牌知名度非常高，但是具体的企业品牌没有一个是有较大影响力的，网上销售的五常大米品质也参差不齐，真假难辨。因此，大力塑造企业品牌是黑龙江省农业产业化龙头企业发展的重中之重。

重视电子商务平台的维护和更新。自建的电子商务平台是企业在互联网上的形象门户，代表着企业的信息管理水平和管理能力。黑龙江省农产品企业的电子商务平台交易量有限，维护管理成本较高，因此更新和维护的频率较低，特别是电商交易购物环节经常出现网络连接错误等问题，严重影响企业形象，因此一定要重视对电商交易平台的维护运营，塑造良好的企业形象。

三、物流企业构建第三方电子商务专业平台

黑龙江省农产品供应链上存在大量分散的农户和中小微农产品加工企业，自身产量少、规模化程度低，农产品缺乏标准化和市场品牌，所以在网络营销宣传、物流配送等方面存在瓶颈，单纯依靠自身力量难以融入农产品供应链。因此，可以借助专业的第三方物流企业来实现对农户和中小微农产品加工企业的集成优化。

1. 完善多层次物流服务体系

农户和中小微农产品加工企业的分布比较分散，农产品产量一般较少，难以量产和规模化，导致农产品物流和农产品信息也呈现出零散化的特征，对于这些经营主体的信息集成和物流配送的成本高、难度大，大型企业一般不愿意进行组织和管理。而大型的专业化物流企业拥有完善的物流配送网络和庞大的基层工作人员，这就为分散的农产品信息采集和物流集成提供了必要的基础，因此第三方物流企业应该发挥自身线下物流配送网络优势，完善村、乡、县、市的多层次物流服务体系，通过自下而上的物流配送网络实现农产品的上行，同时完成对农产品信息的集成。

黑龙江省农户生产由于生产分散，产量少，一般的民营物流企业运营成本高，物流服务体系很难进入村、乡级。而中国邮政拥有完善的村、乡、县多层次物流配送网络，具有农产品物流配送的网络优势，因此可以借助其物流配送渠道优势实现对分散农户和中小微加工企业的物流集成优化。同时，邮政物流的乡邮员等基层工作人员成为天然的农产品信息采集者和沟通者，可以详细掌握农户和中小微企业的生产情况及农产品供给情况，为分散农产品信息的集成优化提供了坚实的基础。

2. 构建电子商务信息集成平台

第三方物流企业利用自身配送网络优势，搭建电子商务交易平台，开展电子商务交易能够实现产品供应信息与市场需求信息的集成优化。对于农产品供应链而言，第三方物流企业可以作为农户和消费者之间的桥梁，实现对农产品供应链的整合优化。例如，顺丰快递建设顺丰优选生鲜电子商务平台，开展生鲜农产品的电商经营。

黑龙江省农产品生产由于缺乏附加值高的生鲜农特产品，借助顺丰优选来完成农产品网络销售的可能性不大。黑龙江省农户的生鲜农产品大多是小园地生产，产量不高，比较适合本地化销售。而黑木耳、蘑菇等菌类农特产品适合远距离的销售。因此，第三方物流企业可以构建电子商务交易平台实现对农户分散农产品的网络推广。对于生鲜产品可以通过与当地批发市场、连锁超市的信息沟通，实现本地化销售，对于适合远距离配送的农产品可以借助电子商务交易平台完成市场营销。例如，中国邮政集团推出邮乐网电子商务平台，其中包括邮乐农品等栏目，可以帮助黑龙江省农产品实现网络推广和销售。

3. 物流企业构建电子商务平台应注意的问题

首先，当地政府的大力支持。分散农户和中小微农产品加工企业的农产品标准化程度低，缺乏品牌影响力，市场可信度较低，因此需要当地政府的大力支持。一方面，通过创办农产品产业园区，以政策、资金支持等提高农产品生产标准化；另一方面，通过政府组织参与农产品展销会、博览会等方式官方推荐当地农特产品，提高农产品的市场影响力。例如，黑龙江省地方政府组织当地的农特产品生产农户和企业参加中国·哈尔滨国际经济贸易洽谈会、中国国际现代农业博览会、中国绿色食品博览会等，增加当地农产品的市场曝光度和影响力。

然后，加强对小、散农户的组织。过于分散的农产品生产无疑会增加整个物流配送的运营成本，影响农产品供应链的运作效率，通过合作社、农协等方式适当提高经营主体的组织化程度，也有利于实现农产品生产的规模化和规范化。此外，通过中介组织的方式，打造“一村一品”的农产品生产模式，还有利于农产品生产的集群化，打造地标品牌，提高农产品附加值。

最后，电子商务综合服务商的参与。农户和中小微加工企业的信息化程度低，对于电子商务等新型技术的掌握和使用能力不足，因此在运用电子商务平台进行信息集成、共享和营销推广的过程中，需要电子商务综合服务商的参与和帮助，特别是关于网店管理与维护、网络信息搜集与分析、电商推广与促销等专业领域。

综合而言，借助电子商务为代表的现代信息技术实现黑龙江省农产品供应链的集成优化，需要多方组织与配合，其中政府是引领和指导，农业产业化龙头企业是核心和关键，第三方物流企业是必要的辅助和补充。在“互联网+”的国家战略背景下和农业供给侧改革的产业发展政策指引下，黑龙江省农产品供应链一定可以实现集成优化，农业产业结构调整升级也必然会实现。

第九章　促进农产品供应链集成优化的政策建议

第一节　加快农产品经营主体建设的政策建议

1. 提高农产品经营主体的组织化程度

进一步加大对农民专业合作社、专业大户和家庭农场等基层农业生产组织的建设和扶持力度，从农业生产组织成立到运营等多个环节给予指导。通过新型农民专业合作社为农户传递市场信息、普及生产技术、提供社会服务，改变农户在市场上的弱势地位，提高农户的市场谈判能力和竞争能力，克服小生产与大市场的矛盾。鼓励专业大户扩大生产，家庭农场扩大规模，切实提高农产品经营主体的专业化、规模化程度。从土地流转、承包经营制度等方面给予政策支持，为农业生产提供长期、稳定的制度保障。

2. 加强对农户的农业技术培训，特别是信息技术培训

以专业大户、家庭农场主、农民专业合作社骨干为主要服务对象，加强农业技术培训，大力培育新型职业农民，切实提高农户的农业生产技术水平。建设和完善农业技术推广体系，特别是在基层建设农技推广站点，普及农业生产技术知识。探索建立教育培养、认定管理和政策扶持的新型农民培育制度。此外，着力加强对农户的信息技术应用培训，特别是对互联网技术的应用培训，注重信息化手段应用，运用云计算、大数据技术实现对农户的在线培训、在线技术咨询和跟踪管理等服务。帮助农户掌握最新的网络信息技术，了解和掌握农产品市场信息，从而能够更好地适应市场需求。

3. 鼓励农业产业化龙头企业做大做强，强化农业产业化经营

农业产业化龙头企业在农产品供应链集成优化中发挥着重要的带动作用，因此应该鼓励农业产业化龙头企业做大做强，采用多种经营形式，实现农产品生产的规模化、加工的专业化、销售的一体化，促进农业企业对整个农产品供应链的集成。同时，通过“公司+农户”、“公司+基地+农户”和“公司+合作社+农户”等多种经营模式，将专业大户、家庭农场、农民专业合作社和分散农户有机联系

起来，发挥农业产业化龙头企业核心带动作用，带动农户进入市场，实现农业产业化经营。此外，大力扶持省级、国家级农业产业化重点龙头企业，集成其资本、技术和人才等的资源优势，扩大产业规模，带动中小型农业企业形成集群式发展，进一步带动区域经济发展。

4. 加强农产品服务提供商的建设

农产品供应链的集成优化不能完全依赖分散的农户和农业企业，还需要专业的农产品服务提供商的支持和协助，其中包括专业的农产品物流提供商、农资物品提供商、土地流转服务商、农产品信息服务提供商、互联网信息服务提供商、网络销售平台运营商、农产品检验检疫服务提供商等。这些专业的服务提供商能够为农产品供应链的集成优化提供专业化的服务，同时他们之间的合作又能够进一步促进农业生产的专业化分工，提供农业生产的附加值。因此，应该大力加强对农产品服务提供商的建设。此外，政府应该积极促进和培育农协组织的建设和发展，使农协成为农产品服务提供商的联系纽带，从而实现对农产品服务提供商的集成。

第二节　促进农业电子商务平台建设的政策建议

网络信息技术的应用和普及很大程度上推动了农产品供应链的集成优化，而农业电子商务平台的发展提供了便捷的服务平台，通过农业电子商务平台不仅能够增加农产品的销售规模，还能够及时了解消费者需求，获得农业生产技术支持，对于提高农业生产效率、改善农产品供应链信息交流、提高农户对市场需求的反应能力都具有重要的意义，因此应该加大对农业电子商务平台的建设。同时，农业电子商务平台不仅仅是农产品销售平台，还可以是信息、技术服务平台，因此农业电子商务平台建设应该从以下几个方面着手。

1. 推动农业信息综合服务平台建设

农业生产经营中最大的障碍是农产品经营者无法获得及时有效的市场信息，因此政府应该加大力度建设农业信息综合服务平台，以加快农业信息的沟通与交流。该平台应重点反映农产品市场供求信息，包括农业咨询、市场价格信息，供给产品、数量信息，重点供应商信息，区域特色产品信息等。因此，需要重点建设农产品信息数据库，并且通过农业大数据来分析和预测农产品市场走势，为农业生产提供依据。同时，农业信息的分散性造成信息汇集整理难度较大，因此政府应该发挥主导作用，引导农业产业化龙头企业、农产品综合批发市场以及其他农产品生产加工经营主体共同参与和建设农业信息综合服务平台。

2. 建设和完善农业技术推广平台

加快建设农业技术推广平台，通过多种技术手段提高农业生产经营主体的技术水平，该平台应该包括农业基层技术人员培训管理平台和农业技术服务平台，一方面通过网络平台实现对技术人员的常态化、系统化的农业生产技术培训；另一方面通过网络技术信息咨询为农户和农产品生产者提供必要、及时的技术指导。同时，技术推广平台还可以和农业院校及科研院所建立长期联系，提供专家指导和咨询，实现产学研一体化。政府应该在农业技术推广平台建设中发挥主导作用，将农业经营主体与技术人员、专家等资源进行统筹整合，使技术在农产品供应链集成优化中发挥更大的作用。

3. 鼓励和支持销售类农产品电子商务平台建设

借助电子商务平台销售农产品已经成为农产品销售的重要模式，特别是通过电子商务平台还能够实现农产品供求信息的整合，更好地促进农产品供应链的优化集成，因此应该大力支持农产品的网络销售。对于特色农产品经营者，鼓励其在综合性电子商务平台上建立旗舰店、品牌店，发挥地域特色优势，创建农产品网络品牌；对于农业产业化龙头企业，鼓励其通过建设自有网站以及借助知名电子商务平台开设专卖店等多种方式开展农产品电子商务活动。同时，地方政府可以根据自身地域特色，建设政府主导的、区域特色鲜明的农产品电子商务平台，将地理标志产品、特色农产品、绿色农产品、知名品牌农产品以及当地知名农业产业化龙头企业进行网络整合，突出产业集群优势和地域特色优势，从而打造区域农产品网络品牌。此外，加强对农产品经营者的电子商务经营培训，包括网站建设、品牌培育、网上支付、网络营销技巧等，特别是加强对农户的电子商务技能培训，切实提高农产品经营者的电子商务运营能力。

4. 推动农业移动电子商务发展

智能手机的普及给移动电子商务发展提供了巨大的空间，移动互联时代的到来也正深刻地改变着农业生产、销售、服务等各个环节。移动电子商务具有随时随地、方便快捷等优势，特别适合我国农户分散、农业生产零散的现状。同时移动电子商务的低成本、易学易用的特性也能够方便农户快速掌握使用技巧，并迅速推广普及。因此，在发展传统农业电子商务的同时，应该加大力度推动农业移动电子商务的发展，特别是基于传统电子商务平台的移动APP的设计开发。政府应该通过多种途径宣传推广农业移动电子商务应用，并将基于互联网的信息、营销等服务逐渐扩展到移动终端。此外，推动电子商务企业加快发展移动终端服务，鼓励农户和农业经营者借助移动终端开展农业生产经营活动，充分发挥网络信息技术进步给农业生产带来的发展机遇。

第三节 完善农产品物流体系建设的政策建议

农产品物流是农产品供应链集成优化的重要环节，物流的有效衔接不仅能大幅度降低农产品供应链的成本和费用，还能够提高农产品生产者、经营者和消费者的整体利益。在"互联网+农业"的发展背景下，如何提高农产品的上行能力成为现代农业发展和农村经济发展的重要环节，因此应该大力加强农产品物流体系的建设，促进农产品供应链的有效集成。

1. 发挥政府调控作用，构建农产品物流信息服务平台

农产品物流的区域性、分散性等特点，使得农产品物流的发展不能仅仅依靠某个企业或组织来完成，它需要各级政府部门的政策支持和法规约束，政府具有不可替代的作用。但是政府不可能从事农产品运输、仓储等具体的物流业务，需要从宏观调控的角度，将农产品物流运作过程中需要的各种农产品信息、物流环节信息以及农产品经营者信息等进行统筹整合，从而为农产品物流的顺利、高效运作提供信息保障。因此，需要政府部门建立统一的农产品批发市场供求、交易等信息的收集、整理和发布制度，保证农产品供应链上的经营者参与者能够获得及时、准确的物流信息，从而打通农产品供应链的信息流。通过农产品物流信息平台将农产品生产、流通和消费等环节连接起来，减少农产品供应链上的不确定性和盲目性。

2. 加强农产品物流标准化建设，促进农产品物流标准化发展

标准化是发展现代农产品物流的技术基础，是关系农产品供应链长期稳定发展的重要基础，因此必须制定出相应的农产品物流服务制度，以客观、公正的评价标准对物流服务质量进行约束和规范。同时，形成全国以及与国际接轨的农产

品物流标准体系，也有利于农产品供应链实现全球范围的优化与整合。农产品物流标准化的建设包括多个层面、多个体系，一般应包括农产品物流技术标准化，包括农产品的采收、包装、储藏、运输及物流信息全过程标准化；农产品物流服务标准化，包括农产品物流服务设计规范、农产品物流服务分类标准、农产品物流服务质量规范以及农产品物流企业的资质认证标准等。

政府在实施农产品物流标准化的过程中，应充分发挥服务作用，营造激励标准化的环境，鼓励农业产业化龙头企业积极开展标准化的研发与投入，并引导其与科研机构合作，带头实施标准化。同时，对实施标准化的农户给予政策优惠和支持，多层面、多渠道地推进农产品物流标准化体系的建设和发展。

3. 推进农产品物流基础设施建设，保障农产品市场供应能力

农产品物流基础设施建设主要包括农产品仓储、交通运输设施等的建设，特别是加强农村道路交通建设，加快农产品运输工具的研发，确保农产品的运输道路畅通无阻，物畅其流。加快农产品加工配送中心建设，提升农产品在物流过程中的附加值。同时，还应该加快农村电信基础设施建设，加快网络基础建设，提高农村地区的互联网普及率，加快推进农产品物流的信息化进展。此外，还应该加大对农产品批发市场、农贸中心、菜市场等基础设施的建设与改造，推进农产品物流设施的现代化，提高农产品的市场供给能力。

4. 构建农产品物流中心，积极创新农产品流通方式

合理规划、布局和建设现代化农产品物流中心，以物流中心为据点，实现农产品采购、加工、配送等物流业务的集成整合。鼓励大型企业建设社会化物流中心，发挥物流中心规模化、专业化、现代化的优势，成为带动区域农产品物流发展的龙头。大力推广和发展农超对接、直销店等产销连接方式，打造农产品收购、加工、储存、配送一体的农产品交易产业链，减少流通环节，构建无缝配送的农产品供应链。政府鼓励大型连锁超市，通过“超市+基地”、“超市+农协”、“超市+企业”、“超市+农户”等形式，创建新型农产品流通方式，实现农产品流通领域的物流集成优化。

5. 加强农产品物流新技术研发与应用，大力发展冷链物流体系

为了降低农产品在流通过程中的严重损耗，技术创新是农产品物流发展的重要支撑和动力。加强物流过程中的新设备、新技术的应用是重要措施，其中，

采用厢式运输、冷藏运输、集装箱运输等运输方式，减少物流运输过程中的装卸搬运损失；提高农产品加工和包装技术，延长农产品的储藏时间，扩大销售半径；加大农产品保鲜技术的开发与应用，保证农产品质量等都是亟须加强的环节。此外，加强条码技术、电子标签、自动识别、自动跟踪等信息技术的应用，实现对农产品物流环节的实时跟踪与监控，并建立以信息技术为基础的农产品源头可追溯、流向可跟踪、信息可存储、产品可召回的监督管理机制，确保农产品物流的质量。

同时，政府应加大对冷库、冷柜、冷藏车等设施设备为主的冷链物流技术的研发和应用，鼓励专业的物流企业加大对冷链物流的投资和建设，构建和完善全行业的冷链物流体系。同时，建立规范的冷链物流法律法规体系，提高农产品在生产、加工、配送等环节的检验检测能力，提高政府对冷链物流信息采集和处理能力。此外，充分发挥冷链物流行业组织和行业协会在政府与企业之间的桥梁作用，规范和监督冷链物流行业的建设与发展。

6. 鼓励农产品经营主体和物流主体延伸经营网络，合理布局农产品物流服务体系

鼓励农业、商业、物流企业进入农产品物流市场，延伸企业的物流经营网络。大型农业产业化龙头企业通过生产、销售网络的构建和完善将农户的产品生产环节纳入企业生产经营过程中，实现对农村基层物流站点的规划。大型商业企业，特别是以知名电子商务企业为代表的商业企业延伸经营网络，打通工业品下行路线的同时，带动农产品上行，实现线上线下经营网络的整合。鼓励专业物流企业制定农产品物流发展战略，加快农村物流服务体系建设。

此外，各级政府发挥政府职能部门和行业协会能动作用，引导构建村、乡、镇、县多级物流体系。同时，引导行业组织制定行业规范和服务要求，加强行业自律，为各方提供法律、政策、管理、技术、信息等咨询和人才培训服务，构建完善的农产品物流服务体系。

参 考 文 献

波特 M. 1997. 竞争优势[M]. 陈小悦, 译. 北京: 华夏出版社.

卜梅兰. 2011. 基于价值链视角的农产品供应链一体化探讨[J]. 重庆科技学院学报(社会科学版), (21): 79-81.

曹卫斌. 2013. 基于卖方视角下的农产品网购意愿的影响因素分析[J]. 中国农学通报, 29(17): 239-244.

陈秀萍. 2015. 黑龙江省农民专业合作社发展类型及政府扶持政策建议[J]. 农业经济, (3): 62-64.

陈继红, 杨淑波. 2010. 国外农业产业化经营模式与经验借鉴[J]. 哈尔滨商业大学学报(社会科学版), (4): 72-74.

陈明均. 2012. 整合信息资源构建农产品信息平台——以蔬菜为例[J]. 中国蔬菜, 1(15): 1-3.

陈亮. 2015. 从阿里平台看农产品电子商务发展趋势[J]. 中国流通经济, 26(6): 58-64.

陈峥嵘, 王进. 2016. 面向"互联网+"时代的农业电子商务发展研究[J]. 农业经济, (5): 130-132.

陈小霖, 冯俊文. 2007. 农产品供应链中的信息控管问题研究[J]. 科学学与科学技术管理, 28(11): 38-42.

成栋. 2005. 整合客户关系管理与品类管理[J]. 商业研究, (11): 76-78.

成晨, 丁冬. 2016. "互联网+农业电子商务": 现代农业信息化的发展路径[J]. 情报科学, 34(11): 49-52.

邓俊淼. 2008. 农产品供应链中农户风险及防范机制研究[J]. 沈阳农业大学学报(社会科学版), 10(3): 267-270.

邓俊淼, 戴蓬军. 2006. 供应链管理下鲜活农产品流通模式的探讨[J]. 农业经济, (8): 76-77.

顾淑红, 花均南, 吕涛. 2016. 供应链一体化发展下农产品物流整合模式分析[J]. 商业经济研究, (5): 141-142.

黄祖辉, 刘东英. 2005. 我国农产品物流体系建设与制度分析[J]. 农业经济问题, (4): 49-53.

黄桂红, 贾仁安. 2008. 基于动态反馈分析的农产品供应链整合实证研究[J]. 系统工程, 26(8): 17-21.

洪涛, 张传林, 李春晓. 2014. 我国农产品电子商务模式发展研究(下)[J]. 商业经济研究, (16): 76-79.

胡天石. 2005. 中国农产品电子商务发展分析[J]. 农业经济问题, 26(5): 23-27.

姜天瑞, 张一豪, 刘永悦, 等. 2017. 农产品供应链中农民合作社的助农增收效应——以黑龙江省240个农户为例[J]. 江苏农业科学, 45(3): 258-262.

江丽海. 2001. 美国农业产业化经营考察报告[J]. 广西农学报, (1): 59-63.
蒋智毅. 2013. 电子商务平台下农产品供应链物流模式研究[D]. 重庆: 重庆理工大学.
纪良纲, 刘东英, 郭娜. 2015. 农产品供应链整合的困境与突破[J]. 北京工商大学学报(社会科学版), 30(1): 16-22.
纪香清, 赵婴. 2010. 发展农业电子商务优化农业产业结构促进农业经济发展[J]. 电子商务, (12): 7-9.
林坚, 马彦丽. 2006. 农业合作社和投资者所有企业的边界——基于交易费用和组织成本角度的分析[J]. 农业经济问题, (3): 16-20.
刘永悦, 郭翔宇. 2015. 农民专业合作社纵向一体化发展的思考——基于黑龙江省部分种植业合作社的调查[J]. 青岛农业大学学报(社会科学版), (3): 1-6.
刘畅, 安玉发, 中岛康博. 2011. 日本生协生鲜农产品供应链的变革及其对中国的启示[J]. 现代经济探讨, (10): 88-92.
刘助忠, 龚荷英. 2012. 农产品供应链集成模式研究[J]. 江苏农业科学, 40(11): 423-427.
刘助忠, 龚荷英. 2015. “互联网+”概念下的“O2O”型农产品供应链流程集成优化[J]. 求索, (6): 90-94.
刘振滨, 刘东英. 2015. 共享资源视域下的农产品供应链整合研究[J]. 农村经济, (1): 44-48.
刘兵, 胡定寰. 2013. 我国农超对接实践总结与再思考[J]. 农村经济, (2): 109-112.
刘英华, 吕志轩. 2011. 农产品供应链的纵向一体化: 理论基础与实证分析[J]. 华东经济管理, 25(4): 22-26.
刘华楠, 朱祎桔. 2014. 消费者网购生鲜蔬菜的意愿及影响因素分析——基于上海市消费者的调查[J]. 中国农学通报, 30(21): 289-293.
刘雪梅, 李照男. 2011. 农产品供应链风险研究[J]. 农业经济, (1): 47-48.
冷志杰. 2007. 基于农产品供应链集成机制的大豆供应链集成对策研究[J]. 复旦学报(自然科学版), 46(4): 65-72.
李薇. 2011. 协同电子商务、供应链集成能力与企业绩效关系研究[J]. 软科学, 25(6): 103-107.
李国英. 2015. “互联网+”背景下我国现代农业产业链及商业模式解构[J]. 农村经济, (9): 29-33.
李艳菊. 2015. 论我国农业电子商务发展动力机制与策略[J]. 求索, (3): 84-88.
李慧良, 文晓巍. 2011. 生鲜农产品供应链安全可追溯的研究与应用[J]. 科技管理研究, 31(1): 209-212.
骆毅. 2012. 我国发展农产品电子商务的若干思考——基于一组多案例的研究[J]. 中国流通经济, 26(9): 110-116.
林小兰. 2014. 我国农产品电子商务精准营销研究[J]. 农业经济, (12): 137-138.
林家宝, 万俊益, 鲁耀斌. 2015. 生鲜农产品电子商务消费者信任影响因素分析: 以水果为例[J]. 商业经济与管理, (5): 5-15.
凌宁波, 朱凤英. 2006. 构建由超市主导的生鲜农产品供应链[J]. 农村经济, (7): 116-118.

马士华, 林勇. 2015. 供应链管理[M]. 4 版. 北京: 机械工业出版社.

潘锦云, 杨国才, 汪时珍. 2013. 引植农业现代服务业的制度安排与路径选择——基于现代服务业改造传统农业的技术视角[J]. 经济体制改革, (1): 74-78.

孙炜, 万筱宁, 孙林岩. 2004. 电子商务环境下我国农产品供应链体系的结构优化[J]. 工业工程与管理, 9(5): 33-37.

谭涛, 朱毅华. 2004. 农产品供应链组织模式研究[J]. 现代经济探讨, 2004, (5): 24-27.

田英伟. 2012. 我国农产品电子商务发展的现实困境及路径选择[J]. 价格月刊, (7): 54-57.

王圣广, 马士华. 1999. 供应链拓扑结构模型研究[J]. 物流技术, (4): 33-36.

王双进, 高贵如, 郭珊, 等. 2012. 推进农产品电子商务发展的对策研究[J]. 江苏农业科学, 40(10): 387-389.

王静, 曾琳, 高娜. 2015. 基于 Fuzzy DEMATEL 方法的农产品供应链风险影响因素分析[J]. 河北企业, (3): 37-38.

吴彦艳. 2015. 基于品类管理的农产品电子商务发展模式研究[J]. 商业经济研究, (21): 71-73.

杨维霞. 2008. 农产品供应链整合策略分析[J]. 农业经济, (12): 88-90.

杨维霞. 2011. 农产品供应链内部农户风险防范策略探讨[J]. 改革与战略, 27(7): 103-104.

杨申燕, 陈向军. 2009. 农产品供应链信息平台的构建与实施[J]. 经济社会体制比较, (2): 175-178.

颜佳玲. 2014. 基于农民专业合作社的生鲜农产品供应链运作研究[D]. 成都: 成都理工大学.

颜廷武, 唐妍, 张俊飚. 2015. 贫困地区农户融入农产品供应链发展的风险研究——以广西石漠化地区为例[J]. 江西社会科学, (10): 233-239.

易法敏. 2006. 电子商务平台与农产品供应链的网络集成[J]. 财贸经济, (6): 13-18.

易法敏, 夏炯. 2007. 基于电子商务平台的农产品供应链集成研究[J]. 经济问题, (1): 87-90.

赵晓飞. 2012. 我国现代农产品供应链体系构建研究[J]. 农业经济问题, (1): 15-22.

赵志田, 何永达, 杨坚争. 2014. 农产品电子商务物流理论构建及实证分析[J]. 商业经济与管理, (7): 14-21.

赵苹, 骆毅. 2011. 发展农产品电子商务的案例分析与启示——以“菜管家”和 Freshdirect 为例[J]. 现代商贸评论, 1: 19-23.

赵临风. 2010. 农产品供应链整合策略探讨[J]. 商业经济研究, (2): 33-35.

张文彤. 2004. SPSS 统计分析高级教程[M]. 北京: 高等教育出版社.

邹俊. 2011. 消费者网购生鲜农产品意愿及影响因素分析[J]. 消费经济, (4): 69-72.

朱毅华, 王凯. 2004. 农产品供应链整合绩效实证研究——以江苏地区为例[J]. 南京农业大学学报(社会科学版), 4(2): 42-48.

朱长宁. 2013. 大城市生鲜农产品供应链整合对策探讨——以南京市为例[J]. 价格月刊, (1): 75-78.

Boehlje M, Schrader L F. 1998. The industrialization of agriculture: Questions of coordination[R].

West Lafayette: Purdue University.

Costa C, Antonucci F, Pallottino F, et al. 2013. A review on agri-food supply chain traceability by means of RFID technology[J]. Food & Bioprocess Technology, 6(2): 353-366.

Dam F V, Trienekens J H, Zuurbier P J P. 2000. Agri chains, ICT and innovation [C]. Processing of the 4th International Conference of Agri Chains: 192-202.

Frank S D, Henderson D R. 1992. Transaction cost as determinant of vertical coordination in the U. S. food industry[J]. American Journal of Agricultural Economics, 74(4): 941-950.

Gereffi G. 1999. International trade and industrial upgrading in the apparel commodity chain[J]. Journal of International Economics, 48(1): 37-70.

Humphrey J, Schmitz H. 2002. How does insertion in global value chains affect upgrading in industrial clusters[J]. Regional Studies, 36(9): 1017-1027.

Holfman W J. 2001. Information and communication technology(ICT) for food and agribusiness[C]. Proceedings of the Fourth International Conference on Chain Management in Agribusiness and the Food Industry: 599-608.

Handayati Y, Simatupang T M, Perdana T. 2015. Agri-food supply chain coordination: The state-of-the-art and recent developments[J]. Logistics Research, 8(1): 5.

Gereffi G. 1999. International trade and industrial upgrading in the apparel commodity chain[J]. Journal of International Economics, 48(1): 37-70.

Kliebenstein J B, Lawrence J D. 1995. Contraction and vertical coordination in the United States pork industry[J]. American Journal of Agricultural Economics, 77(5): 1213-1218.

Kogut B. 1985. Designing global strategies: Comparative and competitive value-added[J]. Sloan Management Review, 26(4): 15-28.

Li H, Jiang J, Wu M. 2014. The effects of trust assurances on consumers' initial online trust: A two-stage decision-making process perspective[J]. International Journal of Information Management, 34(3): 395-405.

Luttighuis P H W M O, Trienekens J H, Zuurbier P J P. 2000. ICT service infrastructure for chain management[C]. Proceedings of 4th International Conference on Chain Management in Agribusiness and the Food Industry: 348-361.

Mason J R, Towill D R. 1998. Shrinking the supply chain uncertainty cycle[J]. Institute of Operations Management Control Journal, 24(7):17-23.

Mighell R L, Jones L A. 1963. Vertical coordination in agriculture[R]. Washington: United States Department of Agriculture.

Omar A J, Rene V. 2011. A tactical model for planning the production and distribution of fresh produce[J]. Annals of Operation Research, 190(1): 339-358.

Pang Z, Chen Q, Han W, et al. 2015. Value-centric design of the internet-of-things solution for food supply chain: Value creation, sensor portfolio and information fusion[J]. Information Systems Frontiers, 17(2): 289-319.

Shukla M, Jharkharia S. 2013. Agri-fresh produce supply chain management: A state-of-the-art literature review[J]. International Journal of Operation Produce Management, 33(1-2): 144-158.